Kauderwelsch
Band 37

Orthodoxer Jude

Impressum

Roberto Strauss
Hebräisch — Wort für Wort
erschienen im
REISE KNOW-HOW Verlag Peter Rump GmbH
Osnabrücker Str. 79, D-33649 Bielefeld
info@reise-know-how.de

13. Auflage 2013

Bearbeitung Peter Rump
Layout Christine Schönfeld
Layout-Konzept Günter Pawlak, FaktorZwo! Bielefeld
Umschlag Peter Rump (Titelfoto: Sigrid Tondok)
Fotos © Fotografen@Fotolia.com (Nachweis am jeweiligen Foto)
Druck und Bindung Werbedruck GmbH Horst Schreckhase, Spangenberg

ISBN: 978-3-89416-002-9
Printed in Germany

Dieses Buch ist erhältlich in jeder Buchhandlung Deutschlands, Österreichs, der Schweiz und der Benelux-Staaten. Bitte informieren Sie Ihren Buchhändler über folgende Bezugsadressen:
Deutschland Prolit GmbH, Postfach 9, 35461 Fernwald (Annerod) sowie alle Barsortimente
Schweiz AVA-buch 2000, Postfach 27, CH-8910 Affoltern
Österreich Mohr Morawa Buchvertrieb GmbH Sulzengasse 2, A-1230 Wien
Belgien & Niederlande Willems Adventure, www.willemsadventure.nl
direkt Wer im Buchhandel kein Glück hat, bekommt unsere Bücher zuzüglich Porto- und Verpackungskosten auch direkt über unseren Internet-Shop: **www.reise-know-how.de.**
Zu diesem Buch ist ein **AusspracheTrainer** erhältlich, auf **Audio-CD** in jeder Buchhandlung Deutschlands, Österreichs, der Schweiz und der Benelux-Staaten oder als **MP3-Download** unter **www.reise-know-how.de**
Der Verlag möchte die **Reihe Kauderwelsch** weiter ausbauen und **sucht Autoren!** Mehr Informationen finden Sie unter ***www.reise-know-how.de/rkh_mitarbeit.php***

Kauderwelsch

Roberto Strauss

Hebräisch

Wort für Wort

כוח גרעינית?
לא, תודה

Kauderwelsch-Sprechführer sind anders!

Warum? Weil sie Sie in die Lage versetzen, wirklich zu sprechen und die Leute zu verstehen.

Wie wird das gemacht? Abgesehen von dem, was jedes Sprachbuch bietet, nämlich Vokabeln, Beispielsätze etc., zeichnen sich die Bände der Kauderwelsch-Reihe durch folgende Besonderheiten aus:

Die **Grammatik** wird in einfacher Sprache so weit erklärt, dass es möglich wird, ohne viel Paukerei mit dem Sprechen zu beginnen, wenn auch nicht gerade druckreif.

Alle Beispielsätze werden doppelt ins Deutsche übertragen: zum einen **Wort-für-Wort**, zum anderen in „ordentliches" Hochdeutsch. So wird das fremde Sprachsystem sehr gut durchschaubar. Denn in einer fremden Sprache unterscheiden sich z. B. Satzbau und Ausdrucksweise recht stark vom Deutschen. Ohne diese Übersetzungsart ist es so gut wie unmöglich, schnell einzelne Wörter in einem Satz auszutauschen.

Die **Autorinnen** und **Autoren** der Reihe sind Globetrotter, die die Sprache im Land selbst gelernt haben. Sie wissen daher genau, wie und was die Leute auf der Straße sprechen. Deren Ausdrucksweise ist nämlich häufig viel einfacher und direkter als z. B. die Sprache der Literatur oder des Fernsehens.

Besonders wichtig sind im Reiseland **Körpersprache, Gesten, Zeichen** und **Verhaltensregeln**, ohne die auch Sprachkundige kaum mit Menschen in guten Kontakt kommen. In allen Bänden der Kauderwelsch-Reihe wird darum besonders auf diese Art der nonverbalen Kommunikation eingegangen.

Kauderwelsch-Sprechführer sind keine Lehrbücher, aber viel mehr als Sprachführer! Wenn Sie ein wenig Zeit investieren und einige Vokabeln lernen, werden Sie mit ihrer Hilfe in kürzester Zeit schon Informationen bekommen und Erfahrungen machen, die „sprachlosen" Reisenden verborgen bleiben.

Inhalt

Die Wüste Negev

Vorwort

Israel – klein zwar an Ausdehnung, aber unverhältnismäßig größer ist der Platz, den es in den Medien einnimmt. Hier gibt es wahrscheinlich die größte Anzahl von Korrespondenten pro Quadratmeter auf der Welt. Trotzdem ist für die meisten die Lage alles andere als klar. Wer aber mit offenen Augen und Ohren hier herkommt, dem wird sich ein ganz anderes Bild darbieten. Vielleicht wird er seine Ansichten verändern, vielleicht wird er auch völlig verwirrt sein, jedenfalls aber wird er sein Bild verfeinern und differenzieren. Und vielleicht wird er etwas bekommen, etwas, das eigentlich das Ziel jeder Reise ist: Verständnis.

Und genau dabei kann Hebräisch enorm weiterhelfen. Zwar kommt man auch mit Englisch überall recht oder schlecht durch, aber man ist und bleibt ein Tourist. Gibt man sich aber Mühe, die Sprache zu sprechen (wenn auch nicht perfekt), so wird das viele Türen öffnen: Man wird als Gast gesehen, und nicht nur als Tourist.

Der Kauderwelsch-Band „Hebräisch" vermittelt die wichtigsten Grammatikkenntnisse übersichtlich und einfach erklärt. Auf überflüssigen Grammatikballast wurde weitgehend verzichtet. Ziel ist es, mit Hilfe der Wort-für-Wort-Übersetzung selbständig neue Sätze zu bilden. Mit ein wenig Mut und

Phantasie kann man damit schon kleinere Gespräche führen. Wenn auch die Sätze grammatikalisch nicht einwandfrei sind, so kommt es doch auf die Verständigung an. Der Konversationsteil ist nach wichtigen (touristischen) Alltagssituationen geordnet. Hilfreiche Tips und nützliche Ratschläge ergänzen die einzelnen Kapitel.

Hinweise zur Benutzung

Der Kauderwelsch-Band Hebräisch ist in drei wichtige Abschnitte gegliedert:

Grammatik

Die Grammatik beschränkt sich auf das Wesentliche und ist so einfach wie möglich gehalten. Deshalb sind auch nicht sämtliche Ausnahmen und Unregelmäßigkeiten der Sprache erklärt. Natürlich kann man die Grammatik auch überspringen und sofort mit dem Konversationsteil beginnen. Wenn dann Fragen auftauchen, kann man immer noch in der Grammatik nachsehen.

Konversation

In diesem Teil finden Sie Sätze aus dem Alltagsgespräch, die Ihnen einen ersten Eindruck vermitteln sollen, wie die hebräische Sprache „funktioniert", und Sie auf das vorbereiten sollen, was Sie später in Israel hören werden.

Wort-für-Wort-Übersetzung

Jede Sprache hat ein typisches Satzbaumuster. Um die sich vom Deutschen unterscheidende Wortfolge hebräischer Sätze zu verstehen, ist die Wort-für-Wort-Übersetzung in *kursiver* Schrift gedacht. Jedem hebräischen Wort entspricht ein Wort in der Wort-für-Wort-Übersetzung. Wird *ein* hebräisches Wort im Deutschen durch *zwei* Wörter übersetzt, werden diese zwei Wörter in der Wort-für-Wort-Übersetzung mit einem Bindestrich verbunden. Werden in einem Satz **mehrere Wörter** angegeben, die man untereinander **austauschen** kann, steht ein Schrägstrich zwischen diesen:

Hören Sie sich Ausprachebeispiele mit Ihrem Smartphone an! Ausgewählte Kapitel im Konversationsteil sind dafür mit einem QR-Code ausgestattet.

hamiß'ada ptucha / ßgura.
das-Restaurant offen / zu
Das Restaurant ist geöffnet / geschlossen.

Mit Hilfe der Wort-für-Wort-Übersetzung können Sie bald eigene Sätze bilden. Sie können die Beispielsätze als Fundus von Satzschablonen und -mustern benutzen, die Sie selbst Ihren Bedürfnissen anpassen. Um Ihnen das zu erleichtern, ist ein erheblicher Teil der Beispielsätze nach allgemeinen Kriterien geordnet („begrüßen", „verabschieden", „bitten", „danken" usw.). Mit einem kleinen bisschen Kreativität und Mut können Sie sich neue Sätze „zusammenbauen", auch wenn das Ergebnis nicht immer grammatikalisch perfekt ausfällt.

Wörterlisten

Die Wörterlisten am Ende des Buches helfen Ihnen beim Erlernen der Sprache. Sie enthalten einen Grundwortschatz von je ca. 1000 Wörtern Deutsch-Hebräisch und Hebräisch-Deutsch, mit denen man schon eine ganze Menge anfangen kann.

Umschlagklappe

Die Umschlagklappe hilft, die wichtigsten Sätze und Formulierungen stets parat zu haben. Hier finden sich außerdem die wichtigsten Angaben zur Aussprache, und die Abkürzungen, die in der Wort-für-Wort-Übersetzung und in den Wörterlisten verwendet werden; weiterhin eine kleine Liste der wichtigsten Fragewörter, Richtungs- und Zeitangaben. Denn wer ist nicht schon einmal aufgrund missverstandener Gesten im fremden Land auf die falsche Fährte gelockt worden?

Aufgeklappt ist der Umschlag eine wesentliche Erleichterung, da nun die gewünschte Satzkonstruktion mit dem entsprechenden Vokabular aus den einzelnen Kapiteln kombiniert werden kann.

Wenn alles nicht mehr weiterhilft, dann ist vielleicht das Kapitel „Nichts verstanden? – Weiterlernen!“ der richtige Tipp. Es befindet sich ebenfalls im Umschlag, stets bereit, mit der richtigen Formulierung für z. B. „Ich verstehe leider nicht.“ oder „Können Sie das bitte wiederholen?“ auszuhelfen.

Zahlen

Um den Umgang mit Zahlen zu erleichtern, wird auf jeder Kauderwelsch-Seite die Seitenzahl auch auf Hebräisch angegeben!

Über die Sprache

Hebräisch ist vielleicht die älteste heute noch gesprochene Sprache der Welt. Die Bibel wurde ungefähr im 13. Jahrhundert vor unserer Zeitrechnung geschrieben. Die ältesten Funde von hebräischen Inschriften stammen aus dem 8. vorchristlichen Jahrhundert. Später wurde Hebräisch allerdings für lange Zeit nicht mehr gesprochen, sondern nur in religiösen Schriften gebraucht.

Erst vor etwa 100 Jahren wurde diese Sprache wiederbelebt: Mit der zunehmenden Einwanderung von Juden aus allen Teilen der Welt ins heutige Israel benötigte man eine gemeinsame Sprache, und Hebräisch eignete sich am besten dazu. Dies aber machte eine „Modernisierung" dieser bisher rein religiösen Sprache nötig – schließlich kann man im Stil einer Kirchenpredigt kein Bier bestellen! Heute ist das moderne Hebräisch **(ivrit)** die offizielle Landessprache Israels.

Hebräisch ist als **semitische Sprache** dem Arabischen am ähnlichsten. Viele Wörter gleichen sich, und auch die grammatische Struktur stimmt oft überein. Wenn man außerdem auch Arabisch lernen will (ich empfehle hier die Arabisch-Bände der Kauderwelsch-Reihe!), um mit den israelischen Arabern zu kommunizieren oder um einen Ausflug in arabische Länder zu machen, so können Hebräisch-Vorkenntnisse recht nützlich sein.

Das hebräische Alphabet

Name	Buchstabe	Wortende	Aussprache, Umschrift
alef	א		stumm bzw. Knacklaut
bet bzw. **vet**	ב		wie dt. „b" oder „w" (im zweiten Fall Umschrift **v**)
gimel	ג		wie dt. „g"
daled	ד		wie dt. „d"
hej	ה		immer als „h" gesprochen
vav	ו		wie dt. „w" (Umschrift **v**); als Selbstlaut „o" oder „u"
sajin	ז		stimmhaftes „s" („Rose")
chet	ח		wie „ch" (rauer „Ach"-Laut)
tet	ט		wie dt. „t"
jud	י		wie dt. „j" in „Jäger"); als Selbstlaut „i"
kaf bzw. **chaf**	כ	ך	wie dt. „k" oder „ch" (rauer „Ach"-Laut)
lamed	ל		wie dt. „l"
mem	מ	ם	wie dt. „m"
nun	נ	ן	wie dt. „n"
ßamech	ס		wie stimmloses dt. „ß"
ajin	ע		stumm bzw. Knacklaut
pe bzw. **fe**	פ	ף	wie dt. „p" oder „f"
zadi(k)	צ	ץ	wie dt. „z" in „Zeit"
kuf	ק		wie dt. „k"
resch	ר		wie dt. „r" (geriebenes R)
schin bzw. **ßin**	ש		wie dt. „sch" in „Schule") oder dt. stimmloses „ß"
tav	ת		wie dt. „t"

Um das Lernen nicht unnötig zu verkomplizieren, werden die hebräischen Wörter in diesem Buch sämtlich in einer Umschrift mit lateinischen Buchstaben geschrieben. Falls man sich dennoch auch für die Schrift interessiert, so kann die obenstehende Liste helfen, hebräisch geschriebene Wörter zu lesen.

Um Hinweisschilder usw. zu entziffern, muss man folgendes beachten:

Die hebräische Schrift wird von rechts nach links geschrieben.

Es gibt keine Großbuchstaben am *Anfang* des Wortes. Jedoch verändern sich die folgenden Buchstaben, wenn sie am *Ende* eines Wortes stehen (s. obige Liste):

chaf (ch) **mem** (m) **nun** (n) **fe** (f) **zadi** (z)

Für Selbstlaute gibt es – mit Ausnahmen – keine Buchstaben. Das Wort „Glatzkopf" sähe dann z. B. so aus: „gltzkpf". Ausnahmen bilden manchmal die folgenden Selbstlaute:

vav	steht auch für „o" oder „u"
yud	steht auch für „i"

Nun scheint es im Moment vielleicht so, als ob das Lesen ein fröhliches Rätselraten wäre. Aber wenn man die Sprache erst einmal spricht, so ist das kein Problem mehr.

Es gibt vier Buchstaben mit jeweils zwei verschiedenen Aussprachen:

b (bet)	oder	**v (vet)**
k (kaf)	oder	**ch (chaf)**
p (pe)	oder	**f (fe)**
sch (schin)	oder	**ß (ßin)**

Bei **b/v**, **k/ch** und **p/f** ist die Verteilung der Varianten recht vorhersagbar. Am Wortanfang sowie am Silbenanfang nach Konsonant spricht man die jeweils erste Variante, am Wort- bzw. Silbenende und im Wortinneren zwischen Vokalen die zweite. Dazu folgt gleich ein Beispiel. Bei **schin** / **ßin** liegt der Fall etwas anders; hier ist die korrekte Aussprache nicht so leicht vorhersagbar. Zur Unterscheidung der Aussprachevarianten setzt man oft verschiedene Punkte über oder in die Buchstaben. Diese sind aber nicht obligatorisch.

Dies erleichtert nicht nur das Lernen, sondern es hilft auch, unbekannte Wörter von einem damit verwandten, bereits bekannten Wort herzuleiten.

Der Umstand, dass die hebräische Schrift eine „Hilfslautschrift" ist, die sich großenteils auf die Wiedergabe der Mitlaute (Konsonanten) beschränkt, ist auch durch die Struktur der Sprache bedingt. Die Konsonanten spiegeln nämlich die Grundbedeutung eines Wortes oder einer Wortfamilie wider und bilden gewissermaßen das Gerüst. Die verschiedenen grammatikalischen Bedeutungen oder Wortableitungen werden hingegen hauptsächlich durch die eingefügten Selbstlaute (Vokale) bestimmt.

Das folgende Beispiel demonstriert dies anhand des Konsonantengerüstes **k - t - v**:

kotev	schreibe, schreibst, schreibt
ktav	Schrift
ktovet	Anschrift
katava	Artikel
hitkatvut	Briefwechsel
michtav	Brief

Wer nun glaubt, die oben abgebildete Schrift sei die einzige, den muss ich enttäuschen. Es gibt außerdem noch eine Schreibschrift, die zudem sehr individuell (sprich schwer leserlich) ausfällt. Da viele damit auch nach Jahren noch Mühe haben, lasse ich sie hier aus.

Dabei zeigt das Wort **michtav** das Verhältnis von **kaf** und **chaf** auf, da dieser aus hebräischer Sicht einheitliche Laut hier am Silbenende steht und somit nicht als **k**, sondern als **ch** umgesetzt wird. Muttersprachler machen diese Unterscheidung automatisch.

Aussprache

Es gibt es ein paar Schriftzeichen, die auf gleiche Weise ausgesprochen werden: **alef** und **ajin**, **kaf** und **kuf**, **chet** und **chaf**. Ursprünglich gab es für diese Zeichen zweierlei Aussprachen, und auch heute hört man oft Israelis orientalischer Herkunft das **chet** und das **kuf** mehr aus der Kehle, und das **ajin** wie ein Würgen (ebenfalls aus der Kehle) aussprechen.

Einen Eindruck von dieser Aussprache gibt auch das Klangbild des Arabischen.

Diese Laute sind jedoch für europäische Kehlen nur sehr schwer zu bilden. Zu unserem Glück kamen die Erneuerer der modernen hebräischen Sprache aus Europa und waren ebenfalls außerstande, diese Laute zu formen. Im Laufe der Zeit wurde dieser „Sprachfehler“ legalisiert, was einem Lernenden die Aussprache entscheidend erleichtert.

Für die Aussprache der in diesem Buch verwendeten Lautschrift rufe ich noch einmal folgende Besonderheiten in Erinnerung:

v	ist immer stimmhaft wie „w“ in „**W**asser“
s	stimmhaftes „s“, etwa wie in „**S**onne“
ß	scharfes „s“ wie in „fa**ss**en“
e	offenes „e“ wie in „n**e**tt“
o	offenes „o“ wie in „K**o**ch“

In der Lautschrift verwende ich einen Apostroph ’, wenn innerhalb eines Wortes ein Knacklaut (d. h. Stimmabsatz) vorliegt (**alef** und **ajin**). Dies ist für deutsche Muttersprachler nichts Exotisches, da das Deutsche so etwas auch kennt: „vereisen“ = „ver’eisen“ (und nicht „verreisen“).

Betonung

Im Hebräischen wird fast immer die letzte Silbe eines Wortes betont. Es gibt allerdings Ausnahmen. In diesen Fällen verwende ich ein Akzentzeichen über der zu betonenden Silbe (z. B. **káma**).

Satzstellung

Das Hebräische hat eine festere Satzreihenfolge als das Deutsche, nämlich:

Satzgegenstand (Subjekt)	Satzaussage (Prädikat)	Satzergänzung (Objekt)

Also zum Beispiel: „Ich schreibe dir". Auch in Fällen, wo sich im Deutschen die Reihenfolge ändert (z. B. in Fragen oder im Nebensatz), bleibt sie im Hebräischen gleich.

Soweit die Hauptregel. Es gibt auch noch Unterschiede betreffend einzelner Wortarten.

Eigenschaftswörter stehen z. B. immer nach dem Hauptwort, auf das sie sich beziehen: also „Haus schönes" anstatt „schönes Haus".

Bestimmte Artikel sind Vorsilben und daher zwangsläufig immer unmittelbar vor dem Hauptwort zu finden.

Auch **Bindewörter** (Konjunktionen) stehen als Vorsilben vor dem zu verbindenden Satzteil.

Auf diese Regeln wird in den verschiedenen Kapiteln noch ausführlich eingegangen.

Drei Wörter zum Warmwerden

jesch ...? (Gibt es ...?)

jesch (po) ...	*es-gibt (hier)*	Gibt es (hier) ...
... óchel?	*Essen*	Essen?
... ótobuß le ... ?	*Bus nach*	einen Bus nach ...?
... chéder?	*Zimmer*	ein Zimmer?

Die Antworten darauf lauten möglicherweise:

ken, jesch.
ja es-gibt
Ja, gibt es.

lo, en.
nein es-gibt-nicht
Nein, gibt es nicht.

éfo ...? (Wo ist ...?)

éfo ... Wo ...

... jesch bet malon?
es-gibt Haus Hotel
... gibt es ein Hotel?

... rechov jáfo?
Straße Jafo
... ist die Jafostraße?

jamin rechts
ßmol links

ani roze / ani roza (ich möchte / will ...)

Männer sagen **ani roze**, Frauen sagen **ani roza**.

ani roze / roza ...
ich möchte(m/w)
Ich möchte ...

... kartiß.	*Fahrkarte*	... eine Fahrkarte.
... chéder.	*Zimmer*	... ein Zimmer.
... lehasmin.		... bestellen.
... et se.		... das da.

Artikel und Hauptwörter

Unbestimmte Artikel gibt es nicht, der bestimmte Artikel wird durch die Vorsilbe **ha-** ausgedrückt. Ein grammatisches Geschlecht (der, die, das) wird nicht unterschieden:

ir	Stadt, eine Stadt
ha'ir	die Stadt
óchel	Essen, ein Essen
ha'óchel	das Essen

Geschlecht

Weibliche Hauptwörter erkennt man in der Regel an der Endung **-a** oder **-t**. Wörter mit anderen Endungen sind männlich. Achtung: bei sehr vielen Hauptwörtern unterscheidet sich das grammatische Geschlecht vom Deutschen. Weibliche Hauptwörter sind z. B.:

ischa	Frau	**tochnit**	Plan
chanut	Geschäft	**któvet**	Adresse

Mehrzahl

Die Mehrzahl (abgekürzt: Mz) wird durch eine Endung bezeichnet. In der Regel erhalten männliche Hauptwörter die Endung **-im**, weibliche die Endung **-ot** (das **-a** der Einzahl fällt dabei aus):

iton	Zeitung	**itonim**	Zeitungen
scha'a	Stunde	**scha'ot**	Stunden
ótobuß	Autobus	**otobúßim**	Autobusse
miß'ada	Restaurant	**miß'adot**	Restaurants

Leider hat diese Regel viele Ausnahmen, die man nicht ohne weiteres erklären kann. Man sollte sich zunächst an diese Regel halten und nach und nach die Ausnahmen lernen. Merken sollte man sich nur die allerwichtigsten:

isch	Mann	**ischa**	Frau
anaschim	Männer, Leute	**naschim**	Frauen

Bei manchen Hauptwörtern verändern sich die Selbstlaute in der Mehrzahl. Wenn man sich die folgenden Muster merkt, liegt man fast immer richtig (**P** steht hier für einen beliebigen Mitlaut):

PePeP	wird zu	**PPaPim**	*(männlich)*
PaPePet	wird zu	**PaPaPot**	*(weiblich)*

Ein paar Beispiele zur Verdeutlichung:

gever	Mann	**rakévet**	Zug
gvarim	Männer	**rakavot**	Züge
schekel	(israelische	**tajéret**	Touristin
schkalim	Währung)	**tajarot**	Touristinnen

Die Wörter der ersten Gruppe sind ausschließlich männlich, die der zweiten weiblich.

Zweizahl: Die „Mehrzahl"-Endung **-ájim** wird verwendet, wenn es sich um eine natürliche Zweiheit handelt. Zum Beispiel:

- bei doppelt vorhandenen Körperteilen:

jad	Hand	**régel**	Fuß
jadájim	Hände	**raglájim**	Füße

- bei Zeitangaben:

jom	Tag	**schavú'a**	Woche
jomájim	2 Tage	**schvu'ájim**	2 Wochen

- und sogar bei Gegenständen in der Einzahl, die in sich irgendeine Doppelheit bergen:

mischkafájim	Brille
michnaßájim	Hose
ofanájim	Fahrrad

zusammengesetzte Hauptwörter

Zusammengesetzte Hauptwörter werden im Hebräischen andersherum als im Deutschen zusammengesetzt, bleiben aber ansonsten unverbunden, z. B. **gan jeladim** („Garten Kinder") = Kindergarten. Reihenfolge. Eselsbrücke: „Garten (der) Kinder".

kartiß tißa	**kadur régel**
Karte Flug	*Ball Fuß*
Flugticket	Fußball

Bei zahlreichen dieser zusammengesetzten Hauptwörter verändert sich das zuerst stehende Wort (also der „Besitz", nicht der „Besitzer" wie bei unserem Genitiv) ein wenig in der Form: **bajit** *„Haus", aber* **bet ßéfer** *(Haus-von Buch) „Schule". Der bestimmte Artikel tritt bei solchen Konstruktionen übrigens nur an das zweite Wort an:* **bet haßéfer** *„die Schule". – Als Lernanfänger sollte man sich nicht allzu sehr um dieses Phänomen kümmern.*

Eigenschaftswörter

Eigenschaftswörter (Adjektive) sind dem Hauptwort, auf das sie sich beziehen, immer nachgestellt und richten sich nach diesem in Geschlecht und Zahl. Das Hilfsverb „sein" wird nur in Vergangenheit und Zukunft (s. S. 36) gebraucht, in der Gegenwart entfällt es.

ha'isch chacham.
der-Mann klug(m)
Der Mann ist klug.

ha'ischa chachama.
die-Frau klug(w)
Die Frau ist klug.

Weibliche Eigenschaftswörter (abgekürzt: w) enden immer auf **-a**. Ist der letzte Buchstabe des männlichen Eigenschaftswortes (abgekürzt: m) ein Konsonant, hängt man das **-a** einfach an. Ist er ein Vokal, so wird dieser durch **-a** ersetzt:

hajéled jafe.
der-Junge schön(m)
Der Junge ist schön.

hajalda jafa.
das-Mädchen schön(w)
Das Mädchen ist schön.

In der Mehrzahl wird an die männliche Einzahlform ein **-im** für männlich und ein **-ot** für weiblich angehängt. Das **-a** der weiblichen Einzahlform entfällt also.

habatim gdolim.
die-Häuser große(m,Mz)
Die Häuser sind groß.

hamechoni'ot gdolot.
die-Autos große(w,Mz)
Die Autos sind groß.

Zusätzlich entfällt bei der Bildung der weiblichen sowie der Mehrzahlformen fast immer der erste Selbstlaut der männlichen Einzahlform. So wird aus **gadol** (groß) **gdola** (w, Ez), **gdolim** (m, Mz) sowie **gdolot** (w, Mz). Bei zweisilbigen Eigenschaftswörtern sollte man sich immer an diese Regel halten.

Einige wichtige Eigenschaftswörter (männliche Form):

aroch	lang	**kazar**	kurz
gadol	groß	**katan**	klein
jakar	teuer	**sol**	billig
chadasch	neu	**jaschan**	alt (Ding)
jafe	schön	**mecho'ar**	hässlich
kaved	schwer	**kal**	leicht
kasche	hart, schwierig	**mag'il**	widerlich
cham	heiß, warm	**kar**	kalt
saken	alt (Mensch)	**za'ir**	jung
chasak	stark	**chalasch**	schwach
tov	gut	**ra**	schlecht
ta'im	gut (Essen)	**nachon**	richtig

Natürlich können die Adjektive im Hebräischen nicht nur wie in den bisherigen Beispielen als Ergänzung des Prädikats („das Mädchen ist schön“), sondern auch als nähere Bestimmung des Hauptworts („das schöne Mädchen“) auftreten. In diesem Fall muss man, sofern das Hauptwort einen bestimmten Artikel trägt, einen weiteren bestimmten Artikel zusätzlich vor das Eigenschaftswort stellen.

haneßi'a aruka.	aber:	**haneßi'a ha'aruka**
die-Fahrt lang		*die-Fahrt die-lange*
Die Fahrt ist lang.		die lange Fahrt

ha'óchel ta'im.	aber:	**ha'óchel hata'im**
das-Essen gut		*das-Essen das-gute*
Das Essen ist gut.		das gute Essen

Nun ist man schon in der Lage, selbst die ersten Sätze zusammenzustellen. Suchen Sie sich einfach Adjektive aus der obigen Liste heraus, verbinden Sie sie mit passenden Hauptwörtern aus der Liste im Anhang des Buches, und schon kann man bereits zu vielen Dingen seinen Kommentar abgeben.

steigern

Gesteigert wird mit **joter** (mehr) und mit **bejoter** (am meisten). Ersteres wird vor, letzteres hinter das Eigenschaftswort gesetzt.

habéged hase chadasch.
das-Kleid dieses neu
Dieses Kleid ist neu.

habéged hase joter chadasch.
das-Kleid dieses mehr neu
Dieses Kleid ist neuer.

habéged hachadasch bejoter
das-Kleid neu am-meisten
das neueste Kleid

Umstandswörter

Eigenschaftswörter können auch als Umstandswörter (Adverbien) gebraucht werden. Manche verändern sich dabei leicht, andere nicht. Im Zweifelsfalle benutze man einfach das Eigenschaftswort, das wird verstanden.

hesber aroch
Erklärung lange
eine lange Erklärung

hu hisbir aroch.
er erklärte lange
Er erklärte lange.

nißuj chadasch
Versuch neu
ein neuer Versuch

nißínu michadasch.
wir-versuchten von-neuem
Wir versuchten es von neuem.

óchel tov
Essen gut
ein gutes Essen

hu margisch tov.
er fühlt-sich gut
Er fühlt sich gut.

jéled ra'
Junge schlecht
ein schlechter Junge

hu hitnaheg ra'.
er benahm-sich schlecht
Er benahm sich schlecht.

Persönliche Fürwörter

Das Hebräische unterscheidet nicht nur in der 3. Person, sondern auch in der 2. und 3. Person Einzahl und Mehrzahl zwischen weiblichen und männlichen Formen.

Persönliche Fürwörter

Subjektspronomen: ich & du

Da es in der Gegenwart kein Verb „sein" gibt, steht ein Pronomen wie **ani** *für „ich" und „ich bin".*

ani	ich	**anáchnu**	wir
ata	du *(männl.)*	**atem**	ihr *(männl.)*
at	du *(weibl.)*	**aten**	ihr *(weibl.)*
hu	er	**hem**	sie *(männl.)*
hi	sie	**hen**	sie *(weibl.)*

ata tajar.
du Tourist
Du bist Tourist.

at tajéret.
du Touristin
Du bist Touristin

anáchnu miSchweiz.
wir von-Schweiz
Wir sind aus der Schweiz.

hi jafa.
sie schön
Sie ist schön.

indirekte Objektspronomen: mir & dir

Es lohnt sich, sich diese Formen zu merken, da man sie in ähnlicher Weise wie im Deutschen benutzt. Strukturell sind sie übrigens nicht etwa nach Fällen gebeugte Personalpronomen, sondern Verhältniswörter mit Personen-Endungen.

li	mir	**lánu**	uns
lecha	dir *(männlich)*	**lachem**	euch *(männl.)*
lach	dir *(weiblich)*	**lachen**	euch *(weibl.)*
lo	ihm	**lahem**	ihnen *(männl.)*
la	ihr	**lahen**	ihnen *(weibl.)*

direkte Objektspronomen: mich & dich

oti	mich	**otánu**	uns
otcha	dich *(männl.)*	**etchem**	euch *(männl.)*
otach	dich *(weibl.)*	**etchen**	euch *(weibl.)*
oto	ihn	**otam**	sie *(männl.)*
ota	ihn	**otan**	sie *(weibl.)*

Possessivpronomen: mein & dein

Die besitzanzeigenden Fürwörter folgen dem gleichen Muster wie die Objektspronomen. Man nimmt ein gleich bleibendes Verhältniswort (**schel** „von“) und hängt daran personenspezifische Endungen.

scheli	*von-mir*	mein
schelcha	*von-dir*	dein *(männl.)*
schelach	*von-dir*	dein *(weibl.)*
schelo	*von-ihm*	sein
schela	*von-ihr*	ihr
schelánu	*von-uns*	unser
schelachem	*von-euch*	euer *(männl.)*
schelachen	*von-euch*	euer *(weibl.)*
schelahem	*von-ihnen*	ihr *(männl.)*
schelahen	*von-ihnen*	ihr *(weibl.)*

haßéfer schelcha
das-Buch von-dir
dein Buch

se haßvéder schela.
das der-Pullover von-ihr
Das ist ihr Pullover.

hator scheli.
die-Reihe von-mir
Ich bin an der Reihe.

Darüber hinaus kann man den Besitzer auch durch das direkte Anhängen einer Personen-Endung an das Hauptwort ausdrücken. Diese Ausdrucksform ist eher typisch für die Schriftsprache. Dennoch kann sie des öfteren in der gesprochenen Sprache vorkommen. Sie wird besonders bei kurzen Eigenschaftswörtern bevorzugt, z. B.: **tori** („Reihe-meine") anstelle von **hator scheli** („die-Reihe von-mir"). Es lohnt sich also, sie wenigstens passiv zu kennen.

kol	Stimme
koli	meine Stimme
kolcha	deine *(männl.)* Stimme
kolech	deine *(weibl.)* Stimme
kolo	seine Stimme
kola	ihre Stimme
kolénu	unsere Stimmen
kolchem	eure *(männl.)* Stimmen
kolchen	eure *(weibl.)* Stimmen
kolam	ihre *(männl.)* Stimmen
kolan	ihre *(weibl.)* Stimmen

kola hajafe
Stimme-ihre die-schöne
ihre schöne Stimme

darkénu ha'aruka
Weg-unser der-lange
unser langer Weg

Sein oder Haben?

Ganz im Sinne Erich Fromms gibt es im Hebräischen kein Verb „haben". „Ich habe" wird mit **jesch** („ist", „es gibt") und den persönlichen Fürwörtern für das indirekte Objekt (den „mir/dir"-Formen) gebildet (s. S. 28).

jesch

... li	*es-gibt mir*	ich habe
... lecha	*es-gibt dir*	du (m) hast
... lach	*es-gibt dir*	du (w) hast
... lo	*es-gibt ihm*	er hat
... la	*es-gibt ihr*	sie hat
... lánu	*es-gibt uns*	wir haben
... lachem	*es-gibt euch*	ihr (m) habt
... lachen	*es-gibt euch*	ihr (w) habt
... lahem	*es-gibt ihnen*	sie (m) haben
... lahen	*es-gibt ihnen*	sie (w) haben

jesch li bírra.
es-gibt mir Bier
Ich habe Bier.

jesch lánu kartißim.
es-gibt uns Karten
Wir haben Tickets.

jesch lachem harbe tmunot?
es-gibt euch viele Bilder
Habt ihr viele Bilder?

Das Gegenteil von **jesch** ist **en** („es-gibt-nicht"). Es wird nach dem gleichen Schema verwendet. Man ersetzt also **jesch** einfach durch **en**.

en lahem sman.
es-gibt-nicht ihnen Zeit
Sie haben keine Zeit.

en la harbe kéßef.
es-gibt-nicht ihr viel Geld
Sie hat nicht viel Geld.

Will man die Vergangenheitszeit bilden, benutzt man die Form **haja** (es-war):

haja li chófesch.
es-war mir Ferien
Ich hatte Ferien.

haja lachem masal.
es-war euch Glück
Ihr hattet Glück.

Verneinung

Die Wörter für „nicht" und „nein" sind im Hebräischen identisch: **lo**. Das **lo** als „nicht" teht immer vor dem Verb (Tätigkeitswort):

ata ba' laßéret ha'érev?
du(m) kommst(m) zu-dem-Film der-Abend
Kommst du ins Kino heute abend?

lo, ani lo ba' / ba'a.
nein, ich nicht komme(m/w)
Nein, ich komme nicht.

sot lo hamisvada scheli.
dies nicht der-Koffer von-mir
Dies ist nicht mein Koffer.

sot hamisvada scheli.
dies der-Koffer von-mir
Dies ist mein Koffer.

Ausnahme: Mit der Befehlsform wird anstatt **lo** das Wort **al** benutzt.

tikne ßvéder tov, al tikne ßtam ßmartut
kaufe(m) Pullover gut, nicht kaufe(m) nur Lumpen
Kaufe einen guten Pullover, kaufe nicht nur einen Lumpen!

al tisch'al! / al tisch'ali!
nicht frag(m/w)
Frag nicht!

al tafrí'a li! / al tafrí'i!
nicht stör mich(m/w)
Stör mich nicht!

Fragen, Fragewörter

Bei der Entscheidungsfrage (als Antwort ist im Prinzip nur „ja“ oder „nein“ möglich) ändert sich nur die Satzmelodie. Die Satzstellung des Aussagesatzes bleibt erhalten.

ata holech / at holechet habáita.
du(m) gehst(m) / du(w) gehst(w) nach-Hause
Du gehst nach Hause.

ata holech habáita?
du(m) gehst (m) nach-Hause
Gehst du nach Hause?

In Ergänzungsfragen steht am Satzanfang ein konkretes Fragewort.

éfo wo	**éfo nimza hakolnó'a?** *wo befindet-sich das-Kino* Wo ist das Kino?
me'ajin woher	**me'ajin ata ba'? / at ba'a?** *woher du(m/w) kommst(m/w)* Woher kommst du?
le'an wohin	**le'an movil hakvisch hase?** *wohin führt die-Straße diese* Wohin führt diese Straße?
matai wann	**matai ata holech / at holechet habáita?** *wann du(m/w) gehst(m/w) heim* Wann gehst du nach Hause?

ma was	**ma ata roze / at roza liknot?** *was du(m/w) willst(m/w) kaufen* Was willst du kaufen?
láma warum	**láma ata lo mitkascher? /** **... at lo mitkascheret?** *warum du(m/w) nicht anrufst(m/w)* Warum rufst du nicht an?
bischwil ma wozu	**bischwil ma se tov?** *für was dies gut* Wozu ist dies gut?
éjse welcher	**éjse ótobuß magí'a lejeruschalájim?** *welcher Bus ankommt nach-Jerusalem* Welcher Bus fährt nach Jerusalem?
ech wie	**ech kor'im lese be'ivrit?** *wie nennen dem-dies in-Hebräisch* Wie heißt das auf hebräisch?
káma wieviel, wie alt	Beim Fragen nach dem Alter hat sich noch eine altertümliche Formulierung erhalten. Man fragt: „Sohn wieviel du?", und erhält die Antwort: „Ich Sohn X Jahre."

ben káma ata?
Sohn wieviel du
Wie alt bist du?
(zum Mann)

bat káma at?
Tochter wieviel du
Wie alt bist du?
(zur Frau)

ani ben eßrim.
ich Sohn zwanzig
Ich bin 20 Jahre alt.
(sagt Mann)

ani bat eßrim.
ich Tochter zwanzig
Ich bin 20 Jahre alt.
(sagt Frau)

Die Fälle

Die Funktionen unserer Fälle werden durch besondere Wörter ausgeübt. Beim Wesfall (Genitiv) ist dies **schel**, beim Wemfall (Dativ) **le** und beim Wenfall (Akkusativ) **et**. Das Hauptwort bleibt dabei immer unverändert.

wer:

mi oved po?
wer arbeitet hier
Wer arbeitet hier?

ha'isch im hamischkafájim
der-Mann mit die-Brille
Der Mann mit der Brille.

wessen:

schel mi hatik hase?
von wer die-Tasche diese
Wessen Tasche ist dies?

hu schel habachura scham.
er von das-Mädchen dort
Sie gehört dem Mädchen dort.

wem:

lemi ata kotev?
zu-wer du schreibst
Wem schreibst du?

lechaver scheli begermánia.
zu-Freund von-mir in-Deutschland
Meinem Freund in Deutschland.

wen:

et mi ata ohev bejoter?
den wer du(m) liebst am-meisten
Wen magst du am liebsten?

et hadúbi scheli.
den der-Teddybär von-mir
Meinen Teddybär.

Verben und Zeiten

Die Grundform des hebräischen Verbs (d. h. die Form, aus der alle anderen Formen hergeleitet werden, und die auch im Wörterbuch steht) ist die 3. Person Einzahl männlich Vergangenheit. Auf Deutsch z. B.: **achal** (er aß), **lakach** (er nahm). Diese Form nennt man den Wortstamm, da durch Anhängen entsprechender Personen-Endungen nun jedes Verb in der Vergangenheit gebeugt werden kann:

Vergangenheit

lakáchti	ich) nahm
lakáchta	du (*m*) nahmst
lakácht	du (*w*) nahmst
lakách	er nahm
lakcha	sie nahm
lakáchnu	wir nahmen
lakáchtem	ihr (*m*) nahmt
lakáchten	ihr (*w*) nahmt
lakchu	sie nahmen

lakáchti ota lamiß'ada.
(ich-)nahm sie in-Restaurant
Ich nahm sie mit ins Restaurant.

lakáchta et ha'ótobuß.
(du[m]-)nahmst den der-Bus
Du nahmst den Bus.

lakáchtem et kol hadvarim.
(ihr[m]-)nahmt „den“ alle die-Sachen
Ihr nahmt alles.

Da die handelnde Person durch das Verb bereits vollständig angezeigt wird, kann das persönliche Fürwort des Subjekts entfallen.

In der 3. Person weiblich Einzahl und Mehrzahl wird der zweite Selbstlaut des Stammes „unterschlagen“. Noch ein Beispiel dafür, dass im Hebräischen die Selbstlaute nicht so wichtig sind.

Die Endungen der Vergangenheit lauten also:

-ti	(ich)	**-nu**	(wir)
-ta	(du *m*)	**-tem**	(ihr *m*)
-t	(du *w*)	**-ten**	(ihr *w*)
-	(er)	**-u**	(sie *Mz*)
-a	(sie)		

haláchti la'ir.
(ich-)ging in-Stadt
Ich ging in die Stadt.

achálnu ẞéndvitsch.
(wir-)aßen Sandwich
Wir aßen ein Sandwich.

machru et haréchev vekanu chadasch
(sie-)verkauften den der-Wagen und-kauften neuen
Sie verkauften den Wagen und kauften einen neuen.

Diese Endungen sind bei fast allen Verben die gleichen. Was aber nicht immer gleich bleibt, das ist der Wortstamm. Im ganzen gibt es sieben verschiedene Beugungsgruppen von Verben. Wenn man sich nur zwei davon merken kann, ist man für die meisten Fälle gewappnet.

Diese beiden Gruppen lassen sich sehr leicht voneinander unterscheiden, und zwar nach dem Aufbau des Stammes.

Die erste und weitaus häufigste Gruppe haben wir gerade kennengelernt. Sie ist nach dem Muster **GaGaG** aufgebaut. **G** steht hier für einen beliebigen Mitlaut, **a** für den Selbstlaut **a**. Die oben erwähnten Verben **achal** und **lakach** gehören zu dieser Gruppe.

Die andere Gruppe hat das Muster **GiGeG** (**i** steht für den Selbstlaut **i**, und **e** steht für den Selbstlaut **e**). Zu ihr gehören z. B. die Verben:

nischek	(er) küsste
diber	(er) sprach

Die Beugung der **GiGeG**-Verben funktioniert folgendermaßen:

dibárti	ich sprach
dibárta	du (*m*) sprachst
dibart	du (*w*) sprachst
diber	er sprach
dibra	sie sprach
dibárnu	wir sprachen
dibártem	ihr (*m*) spracht
dibárten	ihr (*w*) spracht
dibru	sie sprachen

Die Endungen sind die gleichen wie bei den **GaGaG**-Verben. Man muss lediglich darauf achten, dass in der 3. Person Einzahl männlich der zweite Selbstlaut **e** statt **a** lautet.

einige wichtige Verben			
avad	er arbeitete	**chaschav**	er dachte
amar	er sagte	**kara**	er passierte
halach	er ging	**za'ak**	er schrie
ra'a	er sah	**jada**	er wusste
lakach	er nahm	**bachar**	er wählte
aßa	er machte	**achal**	er aß
ahav	er liebte	**schata**	er trank
asav	er verließ	**rachaz**	er wusch
katav	er schrieb	**kana**	er kaufte
chasar	er kehrte zurück	**machar**	er verkaufte
diber	er sprach	**hevi**	er brachte
nischek	er küsste	**hismin**	er lud ein
tiken	er reparierte	**chika**	er wartete
zilem	er fotografierte	**hißbir**	er erklärte
biker	er besuchte	**her'a**	er zeigte

Im oberen Teil der Tabelle stehen nur **GaGaG**-Verben; diese machen die größte Verbklasse aus. Weiter unten in der linken Spalte stehen **GiGeG**-Verben, während unten rechts alle möglichen anderen Gruppen vertreten sind, die zu lernen aber zu mühsam wäre. Sollte man einmal auf ein solches Wort stoßen, kann man es einfach wie eines der oben gelernten behandeln. In den meisten Fällen wird man gar nicht so falsch liegen. Auf jeden Fall aber wird man verstanden werden.

Gegenwart

Es gibt nur vier verschiedene Formen für alle Personen in der Gegenwart, und zwar wird nur zwischen männlich, weiblich, Ein- und Mehrzahl unterschieden. Allerdings treten auch hier wieder die verschiedenen Verbklassen (**GaGaG** und **GiGeG**) in Erscheinung.

Zunächst einmal zu den **GaGaG-Verben**:

katav (schreiben)	*männlich*	*weiblich*
Einzahl	**kotev**	**kotévet**
Mehrzahl	**kotvim**	**kotvot**

halach (gehen)	*männlich*	*weiblich*
Einzahl	**holech**	**holéchet**
Mehrzahl	**holchim**	**holchot**

achal (essen)	*männlich*	*weiblich*
Einzahl	**ochel**	**ochélet**
Mehrzahl	**ochlim**	**ochlot**

„Ich arbeite (*m*)“, „du arbeitest (*m*)“, „er arbeitet“ heißt demnach auf Hebräisch **ani** / **ata** / **hu oved**. Das Verb verändert sich also diesmal nicht nach der Person, sondern unterscheidet lediglich, ob eine Frau oder ein Mann von sich spricht („ich“), eine Frau oder ein Mann angesprochen wird („du“) usw.

Ausnahme: Endet ein Wortstamm auf einen Vokal, so ist die weibliche Einzahlendung in der Gegenwart **-a** und nicht **-et**.

schata (trinken)	**schote** (*m Ez*)	**schota** (*w Ez*)
kana (kaufen)	**kone** (*m Ez*)	**kona** (*w Ez*)
ra'a (sehen)	**ro'e** (*m Ez*)	**ro'a** (*w Ez*)

Die Gegenwart der **GiGeG-Verben** lautet:

diber (sprechen)	*männlich*	*weiblich*
Einzahl	**medaber**	**medaberet**
Mehrzahl	**medabrim**	**medabrot**

tiken (reparieren)	*männlich*	*weiblich*
Einzahl	**metaken**	**metakénet**
Mehrzahl	**metaknim**	**metaknot**

Bei den **GiGeG-Verben** *tragen die Gegenwartsformen außerdem noch die Vorsilbe* **me-**.

Beide Verbklassen zeigen die Endungen:

	männlich	*weiblich*
Einzahl	**-**	**-et** bzw. **-a**
Mehrzahl	**-im**	**-ot**

Außerdem lauten bei den **GaGaG**-Verben die Vokale **o** und **e**, bei den **GiGeG**-Verben **a** und **e**.

hu oved harbe.	**hem korim iton.**
Er arbeitet viel.	Sie lesen Zeitung.
ani kone jerakot.	**hi schota kafe.**
Ich kaufe Gemüse.	Sie trinkt Kaffee.
anachnu medabrim ivrit.	**at mezalémet otánu.**
Wir sprechen hebräisch.	Du fotografierst uns.

Zukunft

Die Verbformen der Zukunftszeit bestehen aus einer Vorsilbe und eventuell einer Nachsilbe, welche die Person anzeigen, sowie einem Stamm, der von der Gegenwartsform Einzahl männlich abgeleitet wird. Demzufolge gilt auch hier die Unterscheidung zwischen **GaGaG-** und **GiGeG-Verben**.

GaGaG-Verben werden in der Zukunft folgendermaßen gebeugt:

Vom Stamm der Gegenwartsform (siehe das folgende Beispiel **kotev**) wird der erste Selbstlaut gestrichen (also **-o-**). Der zweite Selbstlaut (also **-e-**) wird immer dann durch **-o-** ersetzt, wenn die gebeugte Form keine Nachsilbe hat. Außerdem wird im gegebenen Beispiel der Laut **k** durch seine Variante **ch** ersetzt.

kotev	schreibt
echtov	ich werde schreiben
tichtov	du (*m*) wirst schreiben
tichtevi	du(*w*) wirst schreiben
jichtov	er wird schreiben
tichtov	sie wird schreiben
nichtov	wir werden schreiben
tichtevu	ihr werdet schreiben
jichtevu	sie werden schreiben

echtov lecha michtav bekarov.
ich-werde-schreiben dir Brief bald
Ich werde dir bald einen Brief schreiben.

machar tikra ßéfer.
morgen du-wirst-lesen Buch
Morgen wirst du ein Buch lesen.

hem jiknu tapusim.
sie werden-kaufen Orangen
Sie werden Orangen kaufen.

Dummerweise gibt es hier eine ganze Menge von Ausnahmen, die höchstens einen hartgesottenen Grammatikfan begeistern dürften. Aber all diese Fälle sind sich so ähnlich (nur die Selbstlaute der Vorsilben ändern sich, z. B. **te-** oder **ta-**), dass man mit dem hier gezeigten Beugungsmuster keinerlei Verständigungsschwierigkeiten haben dürfte.

Die **GiGeG-Verben** sind um einiges leichter: Nur die Vorsilbe **me-** der Gegenwartsform wird durch die Vorsilben der Zukunft ersetzt, die Selbstlaute bleiben dagegen gleich. Von **medaber** bleibt also zunächst einmal **daber**, und anschließend wird daraus:

medaber	spricht
adaber	ich werde sprechen
tedaber	du (*m*) wirst sprechen
tedabri	du (*w*) wirst sprechen
jedaber	er wird sprechen
tedaber	sie wird sprechen
nedaber	wir werden sprechen
tedabru	ihr werdet sprechen
jedabru	sie werden sprechen

efgosch otcha.
ich-werde-treffen dich
Ich werde dich treffen.

machar nedaber al habe'ajot schelcha.
morgen wir-werden-sprechen über die-Probleme von-dir
Morgen werden wir deine Probleme besprechen.

Befehlsform

Wenn man die Zukunftsformen gelernt hat, stellt die Befehlsform keine Probleme mehr dar. Beide Formen sind sich sehr ähnlich. Man muss nur die Vorsilbe streichen:

telech	du (*m*) wirst gehen
lech!	geh! (*m*)
titni	du (*w*) wirst geben
tni!	gib! (*w*)
tiknu	ihr werdet kaufen
knu!	kauft!

Da sich beide Formen so ähneln, wird in der Umgangssprache häufig die Zukunftsform auch als Befehlsform verwendet: z.B. **tar'é** „du wirst zeigen (*m*)" heißt dann auch „Zeig! (*m*)".

Will man jemanden etwas verbieten (also einen negativen Befehl erteilen), stellt man einfach das Wort **al** (nicht) vor die Zukunftsform:

Al tiga bi!
nicht du-wirst-berühren(m) an-mich
Fass mich nicht an!

Al ta'is!
nicht du-wirst-wagen(m)
Wag es nicht!

Das Hilfsverb „sein"

Gegenwart

Wie erwähnt, wird das Hilfsverb „sein" nur in der Vergangenheit und in der Zukunft gebraucht; in der Gegenwart lässt man es einfach aus. Für „Du bist schön" sagt man im Hebräischen also wörtlich „du schön".

ani ra'ev.
ich hungrig
Ich bin hungrig.

se jakar.
dies teuer
Dies ist teuer.

hajom cham.
heute heiß
Heute ist es heiß.

Vergangenheit

hajíti	ich war
hajíta	du (*m*) warst
hajít	du (*w*) warst
haja	er war
haita	sie war
hajínu	wir waren
hajítem	ihr (*m*) wart
hajíten	ihr (*w*) wart
haju	sie waren

Außerdem gibt es auch im Hebräischen noch die sogenannten Modalverben bzw. Modalausdrücke, z. B.: **raza** *„wollen, er wollte“, dazu in der Gegenwart* **roze** *(m) /* **roza** *(w);* **efschar** *„es ist möglich; können, dürfen“. Das Vollverb, das man mit solchen Ausdrücken kombiniert, steht im Infinitiv (der aber hier nicht die Grundform ist, sondern eine abgeleitete Form). Der Infinitiv fängt immer mit einem* **l-** *plus Vokal an (***li-**, **le-**, **la-***). Allerdings ändert auch der Verbstamm danach seine Form, z. T. recht gravierend:* **patach** *„er öffnete“, aber* **liftóach** *„öffnen (Inf.)“. Sie finden die Infinitivformen in den Wörterlisten mit aufgeführt.*

Zukunft

eheje	ich werde sein
tihije	du (*m*) wirst sein
tihiji	du (*w*) wirst sein
jihije	er wird sein
tihije	sie wird sein
nihije	wir werden sein
tihiju	ihr werdet sein
jihiju	sie werden sein

hajínu bejeruschalájim.
(wir-)waren in-Jerusalem
Wir waren in Jerusalem.

hajíti chole.
(ich-)war krank
Ich war krank.

ech haja?
wie (es-)war
Wie war es?

haja tov.
(es-)war gut
Es war gut.

jihije tov
(es-)wird-sein gut
Alles wird gut.
(Redewendung)

tihije ajef machar.
(du-)wirst-sein müde morgen
Du wirst morgen müde sein.

harofe jihije po.
der-Arzt wird-sein hier
Der Arzt wird hier sein.

Verhältniswörter

Einige Verhältniswörter (Präpositionen) sind im Hebräischen lediglich Vorsilben des Wortes, auf das sie sich beziehen. Es gibt drei solcher Vorsilben, welche allerdings im Deutschen mehr als eine Bedeutung haben können (s. nächste Seite).

be- in, an
ba- im, am (Präposition + bestimmter Art.)

Angabe des Ortes

bejißra'el cham.
in-Israel heiß
In Israel ist es heiß.

hu nimza bachof.
er befindet-sich am-Strand
Er ist (befindet sich) am Strand.

kol hajom hi nischéret bamita.
ganze der-Tag sie bleibt im-Bett
Den ganzen Tag bleibt sie im Bett.

le- nach, zu, in
la- nach, zu, in den (Präp. + bestimmt. Art.)

Angabe der Richtung

hu naßa lemizrájim.
er fuhr nach-Ägypten
Er fuhr nach Ägypten.

bo' itánu lamiß'ada.
komm(m) mit-uns in-das-Restaurant
Komm mit uns ins Restaurant.

Angabe der Herkunft u. ä.

mi- von, aus, seit

ani ba mijeruschalájim.
ich komme aus-Jerusalem
Ich komme aus Jerusalem.

hatabá'at misahav. schamáti et se midália.
der-Ring aus-Gold *ich-hörte den dies von-Dalia*
Der Ring ist aus Gold. Ich hörte dies von Dalia.

mimachar ad ßof hachódesch ani bechofesch.
von-Morgen bis Ende der-Monat ich in-den-Ferien
Von morgen bis Ende des Monats bin ich in den Ferien.

„normale" Verhältniswörter

al	auf
acharej	nach, hinter, (nachher)
me'al	über
al jad	neben
táchat	unter
ben	zwischen
mitáchat	unterhalb
biglál	wegen
betóch	in, (drinnen)
ad	bis
ezél	bei
karov	nahe
lifnej	vor, (vorher)
rachok	weit entfernt (von)

hu gar ezél hahorim.
er wohnt bei die-Eltern
Er wohnt bei den Eltern.

amádeti acharej haknißa.
ich-stand hinter der-Eingang
Ich stand hinter dem Eingang.

biglal hagéschem hameßiba lo hitkaima.
wegen der-Regen das-Fest nicht stattfand
Wegen des Regens fand das Fest nicht statt.

Beziehen sich Verhältniswörter auf ein persönliches Fürwort, so verschmelzen beide zu einem Wort. Dabei wird das Fürwort in Wirklichkeit eher zu einer Personen-Endung, die an das Verhältniswort angefügt wird. Das Bildungsmuster finden Sie auf S. 28. Vergleichen Sie dazu auch die folgenden Sätze mit den obigen:

hu gar ezlam.
er wohnt bei-ihnen
Er wohnt bei ihnen.

amádeti acharécha.
ich-stand hinter-dir
Ich stand hinter dir.

biglalo hameßiba lo hitkaima.
wegen-ihm das-Fest nicht stattfand
Seinetwegen fand das Fest nicht statt.

Bindewörter

Zwei Bindewörter werden, ähnlich einigen Verhaltniswörtern, als Vorsilben realisiert:

ve-	und
sche-	dass

te vekafe	**hem medabrim vezochakim.**
Tee und-Kaffee	*sie reden und-lachen*
Tee und Kaffee	Sie reden und lachen.

se nachon schehi neßu'a?
dies wahr dass-sie verheiratet
Ist es wahr, dass sie verheiratet ist?

weitere Bindewörter

o	oder	**rak**	nur
aval	aber	**éla**	sondern
ki	denn, weil	**kedej**	um zu
kmo	wie	**im**	ob
gam	auch		

Bindewörter stehen immer vor dem Satzteil, der verbunden wird.

hem holchim, aval anáchnu nischárim.
sie gehen aber wir bleiben
Sie gehen, aber wir bleiben.

hu lo rak schar, éla hu gam menagen.
er nicht nur singt sondern er auch musiziert
Er singt nicht nur, sondern er musiziert auch.

Dieses & Jenes / Hier & Dort

„Dieses“ und „jenes“ werden wie Eigenschaftswörter dem Hauptwort nachgestellt und richten sich nach diesem in Geschlecht und Zahl. Anders als im Deutschen trägt dabei das Hauptwort aber einen bestimmten Artikel.

dieses & jenes

hase	dieser (*m*)	**hahu**	jener (*m*)
hasot	diese (*w*)	**hahi**	jene (*w*)
ha'éle	diese (*Mz*)	**hahem**	jene (*m Mz*)
		hahen	jene (*w Mz*)

ata ohev et haßéret hase?
du(m) magst den der-Film dieser
Magst du diesen Film?

lo, aval haßéret hahu haja mamasch tov.
nein aber der-Film jener war wirklich gut
Nein, aber jener Film war wirklich gut.

hier & dort

po, kan	hier
scham	dort

„Hier“ und „dort“ werden wie im Deutschen verwendet.

kan lo modi'in.
hier nicht Auskunft
Hier ist keine Auskunft.

scham jesch miß'ada tova.
dort es-gibt Restaurant gut
Dort gibt es ein gutes Restaurant.

po vescham haju be'ajot.
hier und-dort waren Probleme
Hier und dort gab es Probleme.

Zahlen und zählen

Grundzahlen (Kardinalzahlen)

0	**éfeß**		
1	**achat**	6	**schesch**
2	**schtájim**	7	**schéva'**
3	**schalosch**	8	**schmóne**
4	**arba'**	9	**téscha'**
5	**chamesch**	10	**éßer**

11	**achat eßre**
12	**schtem eßre**
13	**schlosch eßre**
14	**arba' eßre**
15	**chamesch eßre**
16	**schesch eßre**
17	**schva' eßre**
18	**schmóne eßre**
19	**tscha' eßre**

20	**eßrim**	60	**schischim**
30	**schloschim**	70	**schiv'im**
40	**arba'im**	80	**schmonim**
50	**chamischim**	90	**tisch'im**

21	**eßrim ve'echad**	*zwanzig und-eins*
22	**eßrim veschtájim**	*zwanzig und-zwei*
35	**schloschim vechamesch**	*dreißig und-fünf*
73	**schiv'im veschalosch**	*siebzig und-drei*

100	**me'a**
200	**matájim**
300	**schlosch me'ot**
400	**arba' me'ot**
500	**chamesch me'ot**
600	**schesch me'ot**
700	**schva' me'ot**
800	**schmóne me'ot**
900	**tscha' me'ot**

1000	**elef**
2000	**alpájim**
3000	**schlóschet alafim**
4000	**arba'at alafim**
5000	**chameschet alafim**
6000	**schéschet alafim**
7000	**schvat alafim**
8000	**schmónat alafim**
9000	**tschat alafim**
10000	**aßéret alafim**

Von hier an geht's wieder normaler zu, und zwar nach dem gleichen Muster wie im Deutschen:

11.000	**achat eßre elef**	*(elf tausend)*
12.000	**schtem eßre elef**	*(zwölf tausend)*
20.000	**eßrim elef**	*(zwanzig tausend)*
100.000	**me'a elef**	*(hundert tausend)*

eßrim veschesch be'april,
alpájim achat eßre.
zwanzig und-sechs im-April zweitausend eins zehn
26. April 2011

Ordnungszahlen (Ordinalzahlen)

rischon/-a	erster / erste
scheni / schnija	zweiter / zweite
schlischi/-t	dritter / dritte
revi'i/-t	vierter / vierte
chamischi/-t	fünfter / fünfte
schischi/-t	sechster / sechste
schvi'i/-t	siebter / siebte
schmini/-t	achter / achte
tschi'i/-t	neunter / neunte
aßiri/-t	zehnter / zehnte
acharon/-a	letzter / letzte

hapá'am harischona
das-Mal das-erste
das erste Mal

hatango ha'acharon
der-Tango der-letzte
der letzte Tango

hajom haschvi'i
der-Tag der-siebte
der siebte Tag

Die Zeit

Uhr- und Tageszeit

ma hascha'a?
was die-Stunde
Wie spät ist es?

hascha'a schéva' vachézi.
die-Stunde sieben und-halb
Es ist halb acht.

hascha'a schalosch.
die-Stunde drei
Es ist drei Uhr.

hascha'a réva letéscha'.
die-Stunde viertel zu-neun
Es ist viertel vor neun.

hascha'a éßer varéva.
die-Stunde zehn und-viertel
Es ist viertel nach zehn.

chamesch dakot leschtájim
fünf Minuten zu-zwei
fünf Minuten vor zwei

echad ve'aßara
eins und-zehn
zehn nach eins

schéva' babóker
sieben im-Morgen
sieben Uhr morgens

schtem eßre bazohorájim
zwei zehn im-Mittag
zwölf Uhr mittags

schalosch acharej hazohorájim
drei nach der-Mittag
drei Uhr nachmittags

schesch ba'érev
sechs in-Abend
sechs Uhr abends

achad eßre baláila
eins zehn in-der-Nacht
elf Uhr nachts

mißpar	Nummer, Zahl
jom	Tag
be'érech	ungefähr
schavú'a	Woche
mechir	Preis
chódesch	Monat
joter	mehr
schana	Jahr
pachot	weniger

ta'arich	Datum
achschav	jetzt
lachuz	in Eile
ad achschav	bis jetzt
sman	Zeit
schnija	Sekunde
schilschom	vorgestern
daka	Minute
etmol	gestern
scha'a	Stunde
hajom	heute
od me'at	bald
machar	morgen
mukdam	früh
mochrotájim	übermorgen
me'uchar	spät
scha'on	Uhr

Wochentage

Die Wochentage sind im Hebräischen durchnummeriert. Die Woche beginnt allerdings mit dem Sonntag: „Sonntag" heißt also „erster Tag", „Montag" ist der „zweite Tag" usw.

jom rischon	Sonntag
jom scheni	Montag
jom schlischi	Dienstag
jom revi'i	Mittwoch
jom chamischi	Donnerstag
jom schischi	Freitag
schabat	Samstag

Hebräische Schrift auf Pergament mit einem Torazeiger

Ländernamen

germánia	Deutschland
germáni / germánia	Deutscher/-e
germanit	Deutsch (Sprache)
óstrija	Österreich
óstri/-t	Österreicher/-in
schwejz / schwejzária	Schweiz
schwejzári/-t	Schweizer/-in
hólland	Niederlande
hollándi / hollándit	Niederländer/-in
zarfat	Frankreich
zarfatit	Französisch (Sprache)
ánglia	England
anglit	Englisch (Sprache)
arzot habrit	Vereinigte Staaten
amerikai	Amerikaner
mizrájim	Ägypten
mízri	Ägypter
jißra'el	Israel
jarden	Jordanien

Am Strand von Tel Aviv

Begrüßen, Redewendungen

begrüßen

bóker tov!
morgen gut
Einen guten Morgen!

Antwort: **bóker or!**
Morgen Licht
Einen erleuchteten Morgen!

érev tov!
Abend gut
Guten Abend!

láila tov!
Nacht gut
Gute Nacht!

schalom

bedeutet „Friede". Es wird sowohl zur Begrüßung als auch zum Abschied benutzt. Es ist wahrscheinlich das bekannteste Wort des Hebräischen und wurde sozusagen zum „Markenzeichen" von Israel.

ma schlomcha?	Wie geht es dir? (*m*)
ma schlomech?	Wie geht es dir? (*w*)
ma schlomchem?	Wie geht es euch?
ma nischma?	Wie geht's?

Die letzte Frage ist meistens als Floskel gemeint, um ein Gespräch einzuleiten. Daher muss man seinen Gesprächspartner nicht

Mit einem Smartphone können Sie sich die mit einem 👂 gekennzeichneten Sätze dieses Kapitels anhören. Scannen Sie einfach den QR-Code mit Hilfe einer kostenlosen App (z. B. „Barcoo" oder „Scanlife").

gleich mit seiner ganzen Leidensgeschichte aufwarten. Die kann noch eine Minute ruhen. Die möglichen Antworten lauten also:

hakol beßéder.
das-alles in-Ordnung
Alles in Ordnung.

tov me'od.
gut sehr
Sehr gut.

kácha kácha.
so so
Es geht so.

ech kor'im lecha?
wie nennen dich(m)
Wie heißt du?
(zum Mann)

ech kor'im lach?
wie nennen dich(w)
Wie heißt du?
(zu einer Frau)

ech kor'im lachem?
wie nennen euch(m,Mz)
Wie heißt ihr?
(zu mehreren Personen)

kor'im li Jossi.
nennen mich Jossi
Ich heiße Jossi.

na'im me'od.
angenehm sehr
Sehr angenehm.

káma sman ata kvar ba'árez?
wieviel Zeit du(m) schon im-Land
Wie lange bist du schon im Lande?

schloscha schvu'ot.
drei Wochen
Drei Wochen.

ata meruze / at meruza po?
du(m/w) zufrieden(m/w) hier
Bist du zufrieden hier?

ken, sot érez jafa me'od.
ja, dies Land schön sehr
Ja, dies ist ein sehr schönes Land.

verabschieden

Lehitra'ot vetijul na'im.
wiedersehen und-Ausflug angenehm
Auf Wiedersehen und einen angenehmen Ausflug.

Wem **lehitra'ot** zu lang ist, kann auch **lehit** sagen, was eher umgangssprachlich ist, und sich vielleicht mit „bis dann" übersetzen lässt. Die importierten Ausdrücke **bai (bye)** und **tschau** sind ebenfalls weit verbreitet. Zum Abschied benutzt man auch das bekannte **schalom**.

Wenn man jetzt frisch und frei seine ersten Sätze an den Mann bringt, wird sich sicher jeder denken, dass man die Sprache bestens beherrscht. Als Antwort wird dann ein Redeschwall über einen hereinbrechen, den man kaum verstehen dürfte. In solchen Fällen kann der folgende Satz nützlich sein:

(te)daber joter le'at.
sprich mehr langsam
Sprich langsamer.

die höfliche „Sie-Form"

Eine höfliche „Sie-Form" gibt es im Hebräischen nicht, so wie überhaupt formelle Verhaltensnormen kaum existieren. Das geht so weit, dass die **chuzpa jißra'elit** (die „israelische Frechheit") zum Nationalcharakter geworden ist, genau wie etwa Deutsche als arbeitsam und Schweizer als pünktlich gelten.

Jedenfalls gibt es keine „Sie-Form", jeder wird mit „du" angesprochen. Außerdem nennt man normalerweise auch fremde Leute beim Vornamen; an Bankschaltern und auf Ämtern steht jeweils nur der Vorname auf den Namensschildern.

Will man trotzdem besonders höflich sein, spricht man die Leute mit **adoni** („mein Herr") oder mit **gvirti** („meine Dame") an. Trifft man sich mit dem Ministerpräsidenten zum Kaffee, vielleicht auch mit älteren Menschen, die aus Deutschland oder Österreich stammen, so kann man sie mit **mar** (Herr) Soundso bzw. **gevéret** (Frau) Soundso betiteln. Aber wie gesagt, diese Form ist unter gewöhnlichen Leuten unüblich.

East Market, Jerusalem

Handzeichen

Den Handrücken nach unten halten und die Fingerspitzen nach oben zusammendrücken bedeutet **rega** (Augenblick), im Sinne von „warte einen Augenblick". Erfahrungsgemäß kann das aber alles zwischen wenigen Sekunden und einigen Stunden bedeuten ...

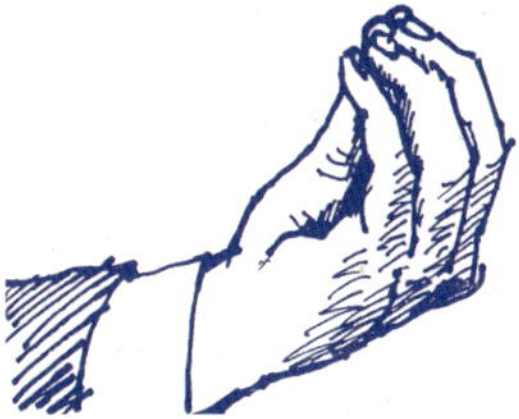

In einem anderen Zusammenhang kann dieses Zeichen auch **le'at le'at** („langsam langsam") heißen, „Mach nicht so einen Stress", oder auch in einer hitzigen Diskussion „Augenblick, lass mich mal reden."

Anstatt „nein" zu sagen, wird oft nur mit der Zunge geschnalzt. Die Zungenstellung ist dabei die gleiche wie beim Aussprechen von „z". Achten Sie darauf, wenn Sie z. B. auf der Straße Leute etwas fragen.

Eine andere Geste, vor allem bei Jugendlichen, ist das möglichst lautstarke Einsaugen von Luft durch den gespitzten Mund (bei einem vorbeigehenden Mädchen). Dies entspricht etwa dem „Nachpfeifen".

Unterwegs ...

Mit einem Smartphone können Sie sich die mit einem gekennzeichneten Sätze dieses Kapitels anhören.

Das wichtigste öffentliche Verkehrsmittel in Israel ist der **Bus**. Das Verkehrsnetz ist recht gut ausgebaut. Jeder größere Ort hat einen Busbahnhof **(tachana merkasit)**, von wo aus Busse in alle Richtungen fahren. Studenten bekommen 10% Ermäßigung auf längeren Strecken. Achtung: Am Samstag **(schabat)**, dem offiziellen Ruhetag, fahren (außer in Haifa) keine Busse. Dies gilt von Freitag- bis Samstagabend. **Züge** gibt es praktisch nicht.
Auf vielbefahrenen Strecken verkehren auch Sammeltaxis **(scherut)**, welche erst losfahren, sobald sie voll sind, und nur weniges mehr kosten als die Busse.
Am **Flugplatz** kann jeder Englisch, und beim Zoll ist es sogar ratsam, nicht hebräisch zu sprechen.

... im Autobus

ótobuß	Autobus
tachana	Haltestelle
kupa	Schalter
modi'in	Information
kartiß	Fahrkarte
hanacha	Ermäßigung
la'alot	einsteigen
mechir	Preis
jaschir	direkt
makom	Platz

tafuß/-a	besetzt (*m/w*)
jezi'a	Abfahrt
male / mele'a	voll (*m/w*)
rek/-a	leer (*m/w*)
neßi'a	Reise
tor	Schlange
razif	Bahnsteig
ichur	Verspätung
luach smanim	Fahrplan
kivun	Richtung
karov / krova	nah (*m/w*)
rachok / rechoka	fern (*m/w*)
knißa	Eingang
magi'a	kommt an (*m*)

matai joze ha'ótobuß harischon / ha'acharon le'elat?
wann ausgeht der-Bus der-erste / der-letzte nach-Elat
Wann fährt der erste / letzte Bus nach Elat?

éjse ótobuß magí'a le'elat?
welcher Bus ankommt nach-Elat
Welcher Bus fährt nach Elat?

éfo efschar liknot kartiß?
wo möglich kaufen Ticket
Wo kann ich ein Ticket kaufen?

(**efschar** heißt sowohl „möglich" als auch „können".)

éfo hakupa?
wo der-Schalter
Wo ist der Schalter?

schnej kartißim haloch vaschov lejeruschalájim.
zwei Tickets hin und-zurück nach-Jerusalem
Zwei Retourtickets nach Jerusalem.

jesch hanacha leßtudéntim?
ist Ermäßigung für-Studenten
Gibt es Studentenermäßigung?

káma sman lokéach mi-... le-...?
wieviel Zeit nimmt von-... nach-...
Wie lange geht es von ... nach ... ?

se ha'ótobuß hajaschir?
dies der-Bus der-direkte
Ist das der direkte Bus?

mischehu joschev kan?
jemand sitzt hier
Sitzt hier jemand?

efschar lehagid li, éfo larédet?
möglich sagen mir wo heruntergehen
Kannst du mir sagen, wo ich aussteigen muss?

Übrigens, Wörter wie „bitte“, „danke“, „Entschuldigung“ werden nur sehr spärlich gebraucht. Einmal bedankte ich mich nach Erhalt des Rückgeldes bei einem Busfahrer. Daraufhin wurde ich nur sehr erstaunt angeschaut und bekam ein „Was willst du von mir?“ zu hören.

Tipp:

Wann immer man etwas wissen möchte, sollte man möglichst kurz fragen. In Israel läuft das Leben mit ziemlich viel Stress ab, und niemand hat die Geduld, langen Fragen zuzuhören. Und Busfahrer sind die schlimmsten. Bevor man Zeit hatte zu fragen „Entschuldigung, könnten Sie mir vielleicht sagen ...“, ist der Bus schon abgefahren. Deshalb, je kürzer man fragt, desto besser.

... mit dem Taxi

Im Taxi hingegen empfiehlt es sich, seine Hebräischkenntnisse zu demonstrieren und überhaupt zu zeigen, dass man sich auskennt und sich nicht übers Ohr hauen lässt. Gleich beim Einsteigen sollte man verlangen: **taf'il et hamone!** (Schalte den Zähler ein!). Allerdings muss man dann auch darauf gefasst sein, dass der Fahrer droht, einen gar nicht mitzunehmen. In einem solchen Fall kann man nicht viel machen. Man sollte aber eine Quittung verlangen, am besten jedoch erst, wenn man schon fährt. Vom Gesetz her ist jeder Taxifahrer verpflichtet, den Zähler ein- und eine Quittung auszustellen. Bei inkorrektem Verhalten kann man den Fahrer unter Angabe der Nummer auf dem Taxischild bei der zuständigen Behörde (**mißrad hatachbura**, **mefakéach al hata'avura**; gibt es in Jerusalem, Tel Aviv und Haifa) anzeigen. Die Androhung hierzu reicht oft aus, um zu seinem Recht zu kommen.

tákßi, lenmal te'ufa!
Taxi, zu-Hafen Flug
Taxi, zum Flughafen!

ani zarich le-...
ich muss nach-...
Ich muss nach ...

har'e li et reschimat hamechirim.
zeig mir die Liste die-Preise
Zeig mir die Preisliste.

ani efne lamefakéach al hata'avura.
ich werde-wenden zum Überwacher auf der-Verkehr
Ich werde mich an die Verkehrsüberwachungsbehörde wenden.

(ti)ßa joter maher / le'at.
fahr mehr schnell / langsam
Fahr schneller / langsamer.

(ta')azor po!
halte-an hier
Halte hier an!

tákßi, monit	Taxi	**namal te'ufa**	Flugplatz
mone	Zähler	**tißa**	Flug
maher	schnell	**namal**	Hafen
le'at	langsam	**ßfina, onija**	Schiff
óto, mechonit	Auto	**ir**	Stadt
lißkor	mieten	**kfar**	Dorf
delek	Benzin	**moschav**	Siedlung
mussach	Werkstatt	**jamin**	rechts
mapa	Karte	**ßmol**	links

... mit dem Auto

éfo tachanat hadelek hakrova?
wo Station die-Benzin die-nahe
Wo ist die nächste Tankstelle?

Achtung: Kontrollieren Sie, ob der Zähler an der Zapfsäule auf Null steht!

temale bevakascha.
füll mit-Bitte
Bitte volltanken.

Jesch li pántscher.
ist mir Panne
Ich habe eine Panne.

kar'a li te'una.
geschah mir Unfall
Ich hatte einen Unfall.

efschar la'asor li?
möglich helfen mir
Kannst du mir helfen?

kleine Pannenhilfe

Wasserschlauch	**zinor majim**
Zündung	**ma'aréchet hazata**
Loch im Reifen	**pántscher**
der Motor kocht	**hamano'a roteach**
Anlasser	**ßtárter**
Auspuff	**exoßt**
Bremsen	**brékßim**
Handbremse	**hándbrekß**
Kupplung	**klatsch**
elektrischer Schaden	**defekt elektróni**
Lichtanlage	**ma'aréchet orot**
Getriebe	**ma'aréchet galgalim**
Lenkrad	**hége**
Lenkung	**ma'aréchet higui**
Motor	**manó'a**
Scheibenwischer	**wíscherim**
Hupe	**zofar**
Zündkerze	**plag**
Keilriemen	**gumiot**
Batterie	**bateria**
Pedal	**davscha**
Vergaser	**karborátor**
Öl (Motor-)	**schémen**
Benzin	**bensin, delek**
Wasser	**májim**

Hammer	**patisch**
Zange	**plájer**
Schraubenzieher	**mavreg**
Schraube	**bóreg**
Gabelschlüssel	**maftéach schvédi**
Überbrückungskabel	**kabel chaschmali**
Kanister	**dschérikan**
Abschleppseil	**kábel grira**
Pannen-Dreieck	**meschulasch adom**
Ersatzrad	**galgal resérvi**
Wagenheber	**dschek**
Fahrausweis	**rischajon nehiga**
Fahrzeugschein	**rischajon óto**

Dies ist sicher die leichteste Liste zum Lernen, da die meisten Ausdrücke direkt dem Englischen entnommen sind. Dennoch sollte man versuchen, sie mit möglichst hebräischem Akzent auszusprechen; bei zu reinem Englisch könnte es sonst zu Verständigungsproblemen kommen.

trampen ...

Das Trampen ist in Israel weit verbreitet, vor allem bei Soldaten. Es gilt als moralisch gut, Soldaten mitzunehmen, und deshalb werden die meisten Autofahrer eher diese als Touristen mitnehmen. Das bekannte Autostopzeichen ist in Israel unüblich. Statt dessen zeigt man mit dem Zeigefinger auf die Straße.

Wohnen, Übernachten

Mit einem Smartphone können Sie sich die mit einem gekennzeichneten Sätze dieses Kapitels anhören.

ßlicha, éfo malon schefer?
Entschuldigung wo Hotel Schefer
Entschuldigung, wo ist das Hotel Schefer?

jaschar, kódem jamina ve'achar kach ßmóla.
geradeaus zuerst nach-rechts und-danach nach-links
Geradeaus, zuerst nach rechts, und danach nach links.

schalom, jesch po chéder panuj?
guten-Tag ist hier Zimmer frei
Guten Tag, haben Sie ein Zimmer frei?

jesch po chéder sugi / jachid?
ist hier Zimmer paarig / einzeln
Gibt es hier ein Doppel- / Einzelzimmer?

efschar lir'ot et hachéder?
möglich sehen „den" das-Zimmer
Kann ich das Zimmer sehen?

hamechir kolel aruchat bóker?
der-Preis einschließt Essen Morgen
Ist das Frühstück im Preis inbegriffen?

bevakascha ta'aße nikajon / ßéder! *(zu einem Mann)*
bevakascha ta'aßi nikajon / ßéder! *(zu einer Frau)*
mit-Bitte mache Sauberkeit / Ordnung
Bitte mach sauber / Ordnung!

machar e'esov.
morgen ich-werde-verlassen
Morgen reise ich ab.

malon	Hotel
chenjon	Camping
chéder (jachid)	(Einzel-)zimmer
chéder sugi	Doppelzimmer
misug avir	Klimaanlage
maftéach	Schlüssel
or	Licht
panuj / pnuja	frei (*m/w*)
tafuß / tfußa	besetzt (*m/w*)
leha'ir	wecken

auf dem Klo

גברים
gvarim
Herren

scherutim	Toilette
niagára	Spülung
niar tualet	Toilettenpapier
májim	Wasser
ambátja	Badewanne
mikláchat	Dusche
cham	heiß
kar	kalt

גברות / נשים
gvarot, naschim
Damen

éfo jesch po sherutim?
wo es-gibt hier Toiletten
Wo gibt es hier eine Toilette?

me'od dachuf!!!
sehr dringend
Sehr dringend!!!

Essen und Trinken

ani ra'ev / zame. *(sagt Mann)*
ani re'eva / zme'a. *(sagt Frau)*
ich hungrig / durstig
Ich bin hungrig / durstig.

jesch po baßviva miß'ada?
es-gibt hier in-der-Umgebung Restaurant
Gibt es hier in der Nähe ein Restaurant?

hamiß'ada ptucha / ßgura.
das-Restaurant offen / zu
Das Restaurant ist geöffnet / geschlossen.

matai atem potchim / ßogrim?
wann ihr öffnet / schließt
Wann macht ihr auf / zu?

jesch schischlik?
es-gibt Spießchen
Gibt es hier Spießchen?

ani roze schnízel im óres vehi rak roza miz tapusim.
ich will(m) Schnitzel mit Reis und-sie nur will(w) Saft Orangen
Ich möchte ein Schnitzel mit Reis,
und sie möchte nur einen Orangensaft.

bevakascha, tavi li koß chadasch, hase meluchlach.
mit-Bitte bring mir Glas neu dieses schmutzig
Bring mir bitte ein neues Glas, dieses ist schmutzig.

od máschehu?
noch etwas
Noch etwas?

lo, séhu.
nein das-ist-es
Nein, das ist alles.

ken, ani roze / roza od ...
schnej kafe bevakascha.
ja ich will(m/w) noch ... zwei Kaffee mit-Bitte
Ja ich hätte gern noch ... zwei Kaffee bitte.

ha'óchel haja me'ule.
das-Essen war ausgezeichnet
Das Essen war ausgezeichnet.

efschar leschalem?
möglich zahlen
Kann ich bitte zahlen?

se bischvilcha. *(zu einem Mann)*
se bischvilech. *(zu einer Frau)*
dies für-dich
Das (Trinkgeld) ist für dich.

bete'avon!
mit-Appetit
Guten Appetit!

typische Gerichte

chúmus: (wörtl. „Kichererbsen") Sauce aus zerstoßenen Kichererbsen
tchína: Sauce aus zerstoßenen Sesamkörnern

pítta: Was für einen Hamburger-Fan das Sesambrötchen, das ist für einen Israeli die **pítta**: ein flaches, innen hohles Brot, in welches alles mögliche Essen hineingestopft wird.

faláfel: Eine **pítta** mit Kügelchen aus Kichererbsen, Salat, Salzgurken u. a. darin, darüber **tchína** sowie eine rote, höllisch scharfe Sauce (Vorsicht!).

gar'inim: Kerne, welche bei jeder Gelegenheit geknabbert werden – auf der Straße, zu Hause, bei Freunden oder im Kino. Es gibt die weißen Kürbiskerne **(levanim)** und die schwarzen Sonnenblumenkerne **(schchorim)**. Man steckt den Kern in den Mund, öffnet die Schale mit den Zähnen, und holt mit der Zunge den Kern heraus. Das ist nicht ganz einfach, aber mit einiger Übung schafft man es schon. Die Schalen werden – je nach Umgebung – ausgespuckt oder dezent in ein Tellerchen gelegt.

chem'a	Butter
margarína	Margarine
riba	Konfitüre
gvina zehuba	Käse
gvina levana	Quark
bejza	Ei
chamuzim	eingemachtes Gemüse
baßar	Fleisch (= Kalb, Rind)
of	Huhn
schíschlik	Spießchen
dag	Fisch
marak	Suppe

itriot	Nudeln
tschips	Pommes frites
óres	Reis
jerakot	Gemüse
sche'u'it	Bohnen
agvaniot	Tomaten
kischu'in	Zucchini
chazilim	Aubergine
tapuchej adama	Kartoffeln

sejtim	Oliven
bazal	Zwiebeln
cháßa	Kopfsalat
schémen	Öl
mélach	Salz
pílpel	Pfeffer
sukar	Zucker
tapus	Orange
tapuach	Apfel
banána	Banane
afarßémon	Kaki
limon	Zitrone
melafefon	Gurke
pilpel	Paprika
geser	Möhre
botnim	Erdnüsse
gar'inim	Kerne
milon	Melone
avatíach	Wassermelone
lechem	Brot
lachmanja	Brötchen
uga	Kuchen
ugia	Kekse

glída	Speiseeis
chalav	Milch

miz	Saft
bírra	Bier
jájin	Wein
adom	rot
lavan	weiß

miß'ada	Restaurant
hasmana	Bestellung
hismin	bestellte
tafrit	Speisekarte
melzar/-it	Kellner/in
cheschbon	Rechnung
tip	Trinkgeld

óchel	Essen	**aruchat bóker**	Frühstück
schtija	Getränk	**aruchat zohorájim**	Mittagessen
achal	aß (*m*)	**aruchat érev**	Abendessen
schata	trank (*m*)	**charif**	scharf
ra'ev	hungrig (*m*)	**matok**	süß
zame	durstig (*m*)	**chamuz**	sauer

ßakin	Messer	**koß**	Glas
kaf	Löffel	**ßéfel**	Tasse
masleg	Gabel	**zaláchat**	Teller
kapit	Teelöffel	**mapit**	Serviette

ßakum heißt „Besteck" und ist eine Verkürzung der Wörter **ßakin, kaf umasleg** (Messer, Löffel und Gabel).

Einkaufen

Mit einem Smartphone können Sie sich die mit einem gekennzeichneten Sätze dieses Kapitels anhören.

In den größeren Städten gibt es Märkte **(schuk)**. Dort erhält man die größte Auswahl, die billigsten Preise und die schönsten Früchte. Es gibt alles: Lebensmittel, Weine, Küchengeschirr, Kleider und vieles mehr. Diese Märkte sind noch völlig vom Touristenstrom, der die arabischen Märkte überflutet, verschont geblieben. Aus diesem Grunde wird man dort auch vergeblich nach Reiseandenken suchen. Dafür findet man hier aber das „andere Israel“ – Leute vorwiegend orientalischer Abstammung. Wenn man bisher den Eindruck hatte, Israel sei ein mehr oder weniger westliches Land, so wird man hier eines besseren belehrt: ein Gedränge und Geschrei, und jeder Gemüsehändler versucht, die Käufer durch lauteres Rufen von seinem Nachbarn abzuziehen.

Hier muss man wohl oder übel sein Hebräisch anwenden, mit Englisch kommt man keinen Meter weit. Handeln ist, besonders bei Lebensmitteln, eher unüblich. Aber die Preise gehen Freitag nachmittag kurz vor Geschäftsschluss mächtig runter.

Ansonsten gibt es kleinere Lebensmittelläden **(makólet)** und natürlich die großen Supermärkte. Im **makólet** lernt man schnell den Besitzer kennen und kommt mit ihm auch leicht ins Gespräch. Die Supermärkte sind größer und weniger persönlich, dafür aber auch billiger.

éfo efschar liknot begadim?
wo möglich kaufen Kleider
Wo kann man Kleider kaufen?

ani roze liknot chulza.
ich will(m) kaufen Hemd
Ich will ein Hemd kaufen.

káma se ole?
wieviel dies kostet
Wieviel kostet das?

bevakascha har'e / har'i li, ma jesch.
mit-Bitte zeig(m/w) mir was es-gibt
Bitte zeig mir, was es alles gibt.

michnaßájim	Hose
chulza	Hemd, Leibchen
gufija	Unterleibchen
tachtonim	Unterhosen
garbájim	Socken
na'alájim	Schuhe
sandalim	Sandalen
beged jam	Badehosen
me'il	Mantel, Jacke
kova	Hut
chanut	Laden
makólet	Lebensmittelgeschäft
schuk	Markt
chanut ßfarim	Buchladen
kazav	Metzgerei
ßandlar	Schuhmacher
bet mirkáchat	Apotheke
jakar	teuer
sol	billig
jafe	schön
mekulkal	kaputt
hißtakel	schaute an (*m*)
hismin	bestellte (*m*)
kana	kaufte (*m*)
mechir	Preis

hanacha	Ermäßigung
kéßef	Geld
ódef	Rückgeld
kufßa	Schachtel
ßakit	(Plastik-)Tüte
patuach	geöffnet
ßagur	geschlossen
jezi'a	Ausgang
knißa	Eingang

V *(Verkäufer)*
T *(Touristin)*

Gespräch im Laden

V: **bóker tov, ma schlomech?**
morgen gut was Zustand-dein
Guten Morgen, wie geht es dir?

T: **tov toda, ma nischma?**
Gut danke, wie geht's?

V: **hakol beßéder, ma at lokáchat?**
alles in-Ordnung, was du nimmst
Alles in Ordnung, was nimmst du?

T: **léchem echad, schnej lében, gvina levana ve'arba' bejzim.**
Brot eins zwei Dickmilch Käse weißen und-vier Eier.
Ein Brot, zwei Dickmilch, Quark und vier Eier.

T: **káma se ole?**
wieviel dies kostet
Wieviel kostet das?

V: **schloscha vechézi schkalim.**
tagidi li, káma sman at kvar ba'árez?
drei und-halb Schekel sag mir wieviel Zeit du schon im-Land
3 ½ Schekel. Sag mir, wie lange bist du schon im Lande?

T: **chodschájim.**
Monate-zwei
Zwei Monate.

V: **at joda'at, ha'ivrit schelach tova me'od.**
du weißt das-Hebräisch von-dir gut sehr
Weißt du, dein Hebräisch ist sehr gut.

T: **toda, ani gam lomédet mißéfer me'ule.**
danke ich auch lerne aus-Buch ausgezeichnet
Danke, ich lerne auch aus einem ausgezeichneten Buch.

V: **ba'at levad lepo?**
(du-)kamst allein nach-hier
Kamst du allein hierher?

T: **ken, aval hikárti kvar hamon anaschim po.**
ja aber (ich-)kannte schon viel Leute hier
Ja, aber ich habe hier schon viele Leute kennengelernt.

V: **ma, as at od lo neßu'a? bat káma at?**
was dann du noch nicht verheiratet Tochter wieviel du
Was, dann bist du noch nicht verheiratet? Wie alt bist du?

T: **ani bat eßrim veschéva'.**
ich Tochter zwanzig und-sieben
Ich bin siebenundzwanzig.

V: **bagil hase ischti jalda et hajéled hascheni.**
im-Alter dieses meine-Frau gebar „den“ das-Kind das-zweite
In diesem Alter gebar meine Frau ihr zweites Kind.

T: **li jesch od sman bischvil se.**
mir es-gibt noch Zeit für dieses
Ich habe noch Zeit dafür.

V: **at zodéket, ta'amini li, im ani ro'e otach ani miz-ta'er schekvar hitchatánti.**
du recht-habend glaub mir wenn ich sehe dich ich leidtut dass-schon (ich-)heiratete
Du hast recht. Glaube mir, wenn ich dich sehe, tut es mir leid, dass ich schon geheiratet habe.

T: **jálla, ani zricha laléchet.**
Los, ich muss gehen.

V/T: **lehitra'ot.** — Wiedersehen. **schalom.** — Friede.

Klagemauer, im Hintergrund der Felsendom, Jerusalem

Haus und Familie

ata tavo / at tavo'i levaker oti?
du(m/w) wirst-kommen(m/w) besuchen mich
Kommst du mich besuchen?

éfo ata gar? / at gara?
wo du(m/w) wohnst(m/w)
Wo wohnst du?

baruch haba', schev. / brucha haba'a schvi.
gelobt der-/die-kommt, sitz(m/w)
Willkommen, setz dich.

ata schote / at schota máschehu kar o cham?
du(m/w) trinkst(m/w) etwas kalt oder warm
Trinkst du etwas Kaltes oder Warmes?

éle hahorim scheli vesot achoti.
diese die-Eltern von-mir und-diese meine-Schwester
Das sind meine Eltern, und diese ist meine Schwester.

toda raba, ha'óchel haja joze mihaklal.
danke viel das-Essen war sehr außerordentlich
Vielen Dank, das Essen war ausgezeichnet.

mischpacha	Familie
krovim	Verwandte
schchenim	Nachbarn
chaver/a **jedid/a**	Freund/in

ába	Vater
íma	Mutter
ßába	Großvater
ßavta	Großmutter
ben	Sohn
bat	Tochter
jéled	Kind (*m*)
jalda	Kind (*w*)
ach	Bruder
chot	Schwester
bájit	Haus
dira	Wohnung
rechov	Straße
chéder	Zimmer
chádar óchel	Esszimmer
chádar schena	Schlafzimmer
salon	Wohnzimmer
scherutim	Toilette
mitbach	Küche
kiße	Stuhl
mita	Bett
schulchan	Tisch
mekarer	Kühlschrank
tanur	Ofen

Im Kibbuz

Wer vorhat, in einem Kibbuz zu arbeiten, benötigt einige zusätzliche Wörter, die man sonst kaum braucht. Die folgende Liste beinhaltet die häufigsten Arbeiten in Kibbuzim, sowie einige besonders wichtige Ausdrücke.

fálcha	Getreidefeld
réfet	Kuhstall
lul	Hühnerstall
kutna	Baumwolle / Baumwollfeld
mata	Plantage von Bäumen
mitbach	Küche
schtifat kelim	Geschirrabwasch
mif'al	Fabrik
machbeßa	Wäscherei
bet tinokot	Babyhaus
gan jeladim	Kindergarten
mirpa'a	Krankenstation
chádar óchel	Esszimmer
magasch	Tablett
sadran avoda	Arbeitszuteiler
schomer	Wächter
toranut	Arbeitsturnus
méschek	Landwirtschaftlicher Betrieb
kól-bo	Kibbuzladen
kibuznik	Kibbuzmitglied
mitnadev/-et	Freiwilliger/-e

ani (lo) roze la'avod be ...
ich (nicht) will(m) arbeiten in ...
Ich will (nicht) im ... arbeiten.

ma oßim po?
was machen hier
Was macht man hier?

ech oßim et se?
wie machen den dies
Wie macht man das?

machar ekach jom chófesch.
morgen ich-werde-nehmen Tag frei
Morgen werde ich einen freien Tag nehmen.

Religion

Besucht man religiöse Orte (egal welcher Religion), so sollte man „anständig" gekleidet sein. Das heißt für **Frauen** ein Rock, der über die Knie geht, und Ärmel, die über die Ellenbogen hinausreichen, außerdem kein freizügiger Ausschnitt. Für **Männer** heißt das lange Hosen.

dat	Religion
dati / datija	religiös (*m/w*)
charedi	ultrareligiös
chiloni / chilonit	unreligiös (*m/w*)
jehudi / jehudija	Jude / Jüdin
nozri / nozrija	Christ / Christin
mußlemi/-t	Muslim / Muslimin
rav	Rabbiner
komer	Priester
bet kneßet	Synagoge
kneßija	Kirche
mißgad	Moschee
chag	Fest, Feiertag
kippa	Käppchen
esrat naschim	Frauenabteilung
hakotel hama'aravi	Klagemauer
kneßijat hakéver	Grabeskirche
mißgad haßéla	Felsendom

In **Synagogen** sollten Männer eine Kopfbedeckung tragen. An vielbesuchten Orten sind Käppchen am Eingang erhältlich.

Außerdem gibt es beim jüdischen und muslimischen **Gottesdienst** unterschiedliche „Abteilungen“ für männliche und weibliche Teilnehmer. Achten Sie darauf, um sich unangenehme Situationen zu ersparen.

Denken Sie daran, dass der offizielle **Ruhetag** in Israel der Samstag ist. Er beginnt Freitag abend vor der Dämmerung und endet Samstag abend, wenn es dunkel ist. Nicht nur die Geschäfte sind zu, es fahren auch keine Busse, und viele Restaurants bleiben geschlossen.

In **Wohngegenden** von ultraorthodoxen Juden sollten Frauen und Männer die oben genannten Bekleidungsregeln befolgen. Außerdem werden dort an Samstagen und an Festtagen die Straßen für den Verkehr abgesperrt.

efschar lehikaneß lebet hakneßet / lamißgad / lakneßija?
möglich eintreten in-Haus die-Versammlung / in-Moschee / in-Kirche
Darf ich in die Synagoge / Moschee / Kirche eintreten?

éfo esrat hanaschim?
wo Abteilung die-Frauen
Wo ist die Frauenabteilung?

matai matchila hatfila?
wann beginnt der-Gottesdienst
Wann beginnt der Gottesdienst?

Bürokratisches

Mit der Bürokratie ist es nicht einfach. Eigentlich müsste es gar nicht so kompliziert sein, wenn man nur das Glück hätte, an einen Beamten zu geraten, der auch bereit ist, einen Finger zu rühren. Dies ist aber leider eher selten der Fall. Vielleicht können folgende Ratschläge helfen:

Gehen Sie persönlich hin, telefonisch bekommt man von vielen prinzipiell keine Auskunft.

Sprechen Sie immer freundlich und bestimmt.

Kommt man nicht weiter und hat man das Gefühl, dass es nicht die eigene Schuld ist, verlangen Sie, mit dem Vorgesetzten zu sprechen. Das hilft oft.

Versuchen Sie irgendwie, die Beamten persönlich zu „fassen“. Dadurch werden sie auch Sie als Person und nicht als Nummer ansehen, und Sie werden ganz anders behandelt. Auch ein gelungener Witz oder Scherz am Anfang kann sehr hilfreich sein.

Auf allen Ämtern, mit denen man als Tourist zu tun haben könnte, wird Englisch gesprochen. Stößt man trotzdem mal auf Verständigungsschwierigkeiten, so kann man fragen:

míschehu po medaber anglit?
jemand hier spricht Englisch
Spricht hier jemand Englisch?

mißrad hapnim	Innenministerium
mißrad	Büro, Ministerium
schagrirut	Botschaft
konßúlia	Konsulat
mischtara	Polizei
darkon	Pass
pakid	Beamter
modi'in	Information

Post, Bank, Telefon

dó'ar	Post
michtav	Brief
mivrak	Telegramm
dó'ar avir	Luftpost
chavila	Paket
gluja	Postkarte
bul / bulim	Briefmarke/-n
mécheß	Zoll
raschum	eingeschrieben
któvet	Adresse
ta dó'ar	Briefkasten

káma ole michtav le'ejrópa?
wieviel kostet Brief nach-Europa
Wieviel kostet ein Brief nach Europa?

ani roze lischlóach oto ékßpreß / raschum.
ich will(m) schicken ihn express / eingeschrieben
Ich will ihn per Express / eingeschrieben schicken.

Post, Bank, Telefon

In Banken sprechen eigentlich alle Englisch. Meist gibt es auch spezielle Schalter für ausländische Währung.

Telefon

télefon ziburi	öffentliches Telefon
mißpar télefon	Telefonnummer
kidómet	Vorwahl
aßimon	Telefonmünze *(gibt es nicht mehr)*

efschar letalfen po?
möglich telefonieren hier
Ist es möglich, hier zu telefonieren?

efschar lischlóach kan imejl?
möglich schicken hier Email?
Kann ich von hier eine Email verschicken?

éfo jesch internet-kafe?
wo es-gibt Internet-Café?
Wo gibt es ein Internet-Café?

ani roze lehadpis máschehu.
ich möchte ausdrucken etwas
Ich möchte etwas ausdrucken.

Ein häufig zu hörender Satz ist:

kol hakavim bekivun schechijágta tfußim.
alle die-Leitungen in-Richtung die-(du-)wähltest besetzt
Alle Leitungen in der von dir gewählten Richtung sind besetzt.

Krank sein

Ist man krank, wendet man sich an eine der **kuppat cholim** (Krankenstationen). Die Inanspruchnahme ist zwar für Bürger mit einer obligatorischen Versicherung verbunden, aber gegen Bezahlung werden auch Touristen behandelt. Bei Unfällen, an Samstagen oder in sonstigen dringenden Fällen wendet man sich an den **magen david adom** („Roter Schild Davids“, Erste Hilfe) oder direkt an ein Krankenhaus. Die Ärzte sprechen alle Englisch, trotzdem können einem bei den Krankenschwestern Hebräischkenntnisse nützlich sein.

Mit einem Smartphone können Sie sich die mit einem gekennzeichneten Sätze dieses Kapitels anhören.

ani chole / chola.
ich krank (m/w)
Ich bin krank.

haita li te'una.
war mir Unfall
Ich hatte einen Unfall.

lechaver scheli haita te'una.
einem-Freund von-mir war Unfall
Mein Freund hatte einen Unfall.

kir'u le'ambulanß.
ruft den-Krankenwagen
Ruft den Krankenwagen.

schavárti et harégel.
ich-brach den der-Fuß
Ich brach mir den Fuß.

(ti)kach oti maher lebet cholim.
bring mich schnell ins-Hospital
Bring mich schnell ins Hospital.

Krank sein

Welche Apotheke an Samstagen geöffnet ist, kann man in der englischsprachigen Tageszeitung **Jerusalem Post** *nachlesen.*

efschar lekabel kabala bischvil habituach?
möglich bekommen Quittung für die-Versicherung
Kann ich eine Quittung für die Versicherung bekommen?

ma ko'ev lecha / lach?
Was schmerzt dich (*m*/*w*)?

ko'ev li ha-...
schmerzt mir der/die/das-...
Mir tut der / das ... weh.

ko'evet li ha ...
schmerzt mir die ...
Mir tut die ... weh.

rosch (*m*)	Kopf	**béten** (*w*)	Bauch
ájin (*w*)	Auge	**keva** (*w*)	Magen
ósen (*w*)	Ohr	**jad** (*w*)	Hand, Arm
garon (*m*)	Kehle	**ezba'** (*w*)	Finger
zavar (*m*)	Hals	**bérech** (*w*)	Knie
gav (*m*)	Rücken	**régel** (*w*)	Fuß, Bein

ko'ev li po.
schmerzt mir hier
Hier tut es weh.

Krankheiten

náselet	Schnupfen
chom	Fieber
schilschul	Durchfall
bechila	Übelkeit
ßcharchóret	Schwindel
haka'a	Erbrechen
schi'ul	Husten
akiza	Stich

neschicha	Biss
pricha	Ausschlag
alérgia	Allergie
péza	Wunde
hit'alfut	Ohnmacht
makat schémesch	Sonnenstich
hitjabschut	Austrocknung
schéver	Bruch
neki'a	Verstauchung
kvija	Verbrennung
kilkul keva	verdorbener Magen
schapá'at	Grippe
angina	Angina
daléket	Entzündung
daléket re'ot	Lungenentzündung
zahevet	Gelbsucht
bet cholim	Krankenhaus
chadar miun	Ambulanzstation
mirpa'a	Krankenstation
rofe	Arzt
achot	Krankenschwester
bet mirkáchat	Apotheke
trufa	Medizin
glula, kadur	Tablette
glulot neged herajon	Antibaby-Pillen
kondom	Kondom
akamol	entspr. Aspirin
mischcha	Salbe
madchom	Fieberthermometer

tihje bari'! / tihiji bri'a!
sei(m/w) gesund(m/w)
Gute Besserung!

Umgangssprache, Jiddisch

Israel ist ein Einwanderungsland, und jede Gruppe von Neueinwanderern führt aus ihrer Sprache auch ein paar neue Wörter ein. Dies war umso nötiger, wurde doch Hebräisch erst vor etwa 100 Jahren von einer Religionssprache in eine gesprochene Sprache umgewandelt. Kein Wunder, dass es zunächst einmal an allem möglichen fehlte. Besonders bei den Schimpfwörtern machte sich da schnell ein Mangel bemerkbar. Doch keine Sorge, bis heute wurde dieser mit Hilfe des Jiddischen, Arabischen und Englischen gründlich behoben.

Aber es gibt auch andere Ausdrücke aus diesen Sprachen. Besonders die jiddischen können für Deutschsprachigeeine Verständigungshilfe sein.

Hat man z. B. in der Wüste Durst und sieht man jemanden mit einer kalten Cola, so sagen Sie einfach **ten li schluk** („gib mir Schluck"), und jeder Israeli wird Sie verstehen. Das gleiche funktioniert auch mit **biß**.

Ist man ein Rucksackreisender, so hat man sein **pecklech** auf dem Rücken, und wenn man ihn darüber hinaus noch prall gefüllt hat, ist das ein **schlepp**.

Ist einem mal was schiefgegangen, dann war das ein **broch**.

Lassen Sie sich auf keinen Fall von jemandem ausnutzen, denn sonst ist man ein **frajer**. Und regt Sie jemand mal echt auf, so ist dieser ein **schwanz** oder ein **schmok**.

Ein nettes Mädchen kann einen Jungen ruhig einmal mit **mami** anreden. Das heißt nicht „Mutter", sondern soviel wie „Schätzchen". In fortgeschrittenerer Beziehung kann er sie dann auch **siße** nennen.

Liebesgeflüster

Um mit dem anderen Geschlecht in Kontakt zu kommen, ist eigentlich jede Gelegenheit gut. Es ist absolut in Ordnung, mit fremden Leuten auf der Straße ein Gespräch anzufangen. Humor und vielleicht auch noch ein Hauch Frechheit helfen oft, die Barrieren zu brechen.

Ansprechort Nummer eins ist der Strand. Ein Mädchen bleibt dort kaum lange alleine: nach spätestens zwei Minuten hat auch schon ein Junge sein Handtuch mit einem Abstand von einem Zentimeter an ihres gelegt und beginnt, mit ihr zu flirten. Wer wirklich nur sonnen oder baden will, sollte am besten männliche Begleitung mitbringen.

Discos gibt es natürlich auch, wenn auch weniger als in Europa. Vor allem findet man sie in großen Städten oder an Touristenorten.

Wer auf typisch israelische Art jemanden kennenlernen will, dem kann ich die Volkstänze empfehlen **(rikudej am)**. Die sind in Israel speziell bei jungen Leuten enorm beliebt, wenn auch nicht ganz einfach. Jedoch beginnt man immer mit leichteren Tänzen für die Anfänger. In fast allen Orten gibt es so etwas. Es gibt Einzel- und Paartänze. Bei den letzteren ist es völlig üblich, irgend jemand Wildfremden aufzufordern.

Hier das Mindestvokabular:

ata roze lirkod iti?
at roza lirkod iti?
du(m/w) willst(m/w) tanzen mit-mir
Willst du mit mir tanzen?

ata roked jafe me'od.
at rokedet jafe me'od.
du(m/w) tanzt(m/w) schön sehr
Du tanzt sehr schön.

ata mukar li mi'éjse makom.
at mukeret li mi'éjse makom.
du(m/w) bekannt(m/w) mir von-einem Ort
Du bist mir von irgendwo bekannt.

netajel kzat?
wir-werden-spazieren ein-bisschen
Wollen wir ein bisschen spazieren?

bo nelech lischtot od máschehu.
boi nelech lischtot od máschehu.
komm(m/w) wir-werden-gehen trinken noch etwas
Komm, wir gehen noch was trinken.

ata roze lavo elai?
at roza lavo elai?
du(m/w) willst(m/w) kommen zu-mir
Willst du zu mir kommen?

ata jafe.
at jafa.
du(m/w) schön(m/w)
Du bist schön.

ani ohev otach.
ani ohevet otcha.
ich liebe(m/w) dich(w/m)
Ich liebe dich.

Schimpfen und Fluchen

Seien Sie sich darüber im klaren, dass es in den wenigsten Fällen etwas nützt, jemanden anzufluchen, da es sicher niemanden von seinen Fehlern überzeugen wird. Will man jemanden zurechtweisen, so hat man hingegen viel mehr Erfolg, wenn man klar und sachlich argumentiert. Dennoch ist es wichtig, Flüche als solche zu erkennen, um darauf richtig reagieren zu können, deshalb die folgende Liste.

(Mit einem * gekennzeichnete Wörter sollte man nur anwenden, wenn man sowieso gerade ins Krankenhaus will!).

ben sona*, **ben scharmúta***	Hurensohn
mániak, **meschuga**	Verrückter

kuß úmmak*	**kuß** (weibliche Genitalien) **ummak** (deine Mutter)
idiot	Idiot
chára	Scheiße (über eine Sache)
chatichat chára	Stück Scheiße
schakran; ganav	Lügner; Dieb
nudnik	Nervensäge

Wird man ungerechtfertigt angeschrien, so fragt man:

láma ata zo'ek / at zo'eket alai?
warum du(m/w) schreist(m/w) auf-mich
Warum schreist du mich an?

láma ata mekalel / at mekalelet oti?
warum du(m/w) fluchst(m/w) mich
Warum fluchst du mich an?

Wird man betrogen, spürt man eine fremde Hand in seiner Tasche oder als Frau an seinem Hinterteil, so ist es immer gut, ein paar passende Ausdrücke bereit zu haben:

asov / isvi oti!
verlass(m/w) mich
Lass mich in Ruhe!

uf / ufi mipo!
flieg(m/w) von-hier
Hau ab!

al tiga' / tig'i bi!
nicht berühre(m/w) an-mich
Berühr mich nicht!

ani ekra lamischtara!
ich werde-rufen zur-Polizei
Ich werde die Polizei rufen!

ten / tni et ha'odef!
gib(m/w) „den" das-Rückgeld
Gib mir das Wechselgeld!

tachsir / tachsiri li et hakéßef!
zurückgeb (m/w) mir „den" das-Geld
Gib mir das Geld zurück!

Bücher zum Weiterlernen

Lehrbücher

Lehrbuch der neuhebräischen Sprache, Shulamit Zemach-Tendler, Buske-Verlag Hamburg. (Gut gemacht, mit Begleit-CDs, führt auch in die Schreibschrift ein, problemlos lieferbar.)

Hebräisch leicht gemacht, Elieser Tirkel, Achiasaf Verlag Tel Aviv (Gut zum Selbststudium geeignet, mit Begleit-CDs, z. Z. leider nur noch antiquarisch erhältlich.)

Wörterbücher

Vergeblich habe ich ein Wörterbuch mit lateinischer Umschrift des Hebräischen gesucht. Beherrscht man einmal die Schrift, so ist das beste das **Langenscheidt-Handwörterbuch**. Warum sie es „Hand-" nennen, ist mir jedoch schleierhaft, sind es doch immerhin zwei mittelschwere Bände.

Ein echtes Handwörterbuch ist folgendes: **Neues Handwörterbuch**, S. Zack Publishing, Bet Hadfus Str. 41, Jerusalem 95483.

Land und Leute **Israel verstehen**, gegen Voreinsendung eines Verrechnungsschecks erhältlich beim „Studienkreis für Tourismus und Entwicklung e.V.“, Kapellenweg 3, D-82541 Ammerland/Starnberger See, bietet auf rund 50 Seiten viele Hintergrundinformationen.

Beugungsschema

Achtung: Korrekte Sätze bildet man nach diesem Beugungsschema sozusagen überkreuz: „ich – dir“, „er – uns“, usw.

Vergangenheit

	Subjekt	Prädikat schrieb	Objekt	
ich	**ani**	**katávti**	**li**	mir
du (*m*)	**ata**	**katávta**	**lecha**	dir (*m*)
du (*w*)	**at**	**katavt**	**lach**	dir (*w*)
er	**hu**	**katav**	**lo**	ihm
sie	**hi**	**katva**	**la**	ihr
wir	**anáchnu**	**katávnu**	**lánu**	uns
ihr (*m*)	**atem**	**katávtem**	**lachem**	euch (*m*)
ihr (*w*)	**aten**	**katávten**	**lachen**	euch (*w*)
sie (*m*)	**hem**	**katvu**	**lahem**	ihnen (*m*)
sie (*w*)	**hen**	**katvu**	**lahen**	ihnen (*w*)

Gegenwart

	Subjekt (männl.)	Prädikat schreibe	Objekt	
ich	**ani**	**kotev**	**li**	mir
du (*m*)	**ata**	**kotev**	**lecha** / **lach**	dir (*m*/*w*)
er	**hu**	**kotev**	**lo** / **la**	ihm / ihr
wir	**anáchnu**	**kotvim**	**lanu**	uns
ihr (*m*)	**atem**	**kotvim**	**lachem** / **lachen**	euch (*m*/*w*)
sie (*m*)	**hem**	**kotvim**	**lahem** / **lahen**	ihnen (*m*/*w*)

	(weibl.)	schreibe		
ich	**ani**	**kotevet**	**li**	mir
du (*w*)	**at**	**kotevet**	**lecha** / **lach**	dir (*m*/*w*)
sie	**hi**	**kotevet**	**lo** / **la**	ihm / ihr
wir	**anáchnu**	**kotvot**	**lánu**	uns
ihr (*w*)	**aten**	**kotvot**	**lachem** / **lachen**	euch (*m*/*w*)
sie (*w*)	**hen**	**kotvot**	**lahem** / **lahen**	ihnen (*m*/*w*)

Zukunft

Subjekt		Prädikat werde schreiben	Objekt	
ich	**ani**	**echtov**	**li**	mir
du (*m*)	**ata**	**tichtov**	**lecha**	dir (*m*)
du (*w*)	**at**	**tichtevi**	**lach**	dir (*w*)
er	**hu**	**jichtov**	**lo**	ihm
sie	**hi**	**tichtov**	**la**	ihr
wir	**anáchnu**	**nichtov**	**lánu**	uns
ihr (*m*)	**atem**	**tichtevu**	**lachem**	euch (*m*)
ihr (*w*)	**aten**	**tichtevu**	**lachen**	euch (*w*)
sie (*m*)	**hem**	**jichtevu**	**lahem**	ihnen (*m*)
sie (*w*)	**hen**	**jichtevu**	**lahen**	ihnen (*w*)

Dromedare in der Negev

Die Wörterlisten enthalten einen Grundwortschatz von ca. 1000 Wörtern. Hauptwörter werden mit „(m)" für männlich und „(f)" für weiblich gekennzeichnet. Mehrzahlformen werden nur in Ausnahmen genannt. Bei Verben wird als Hauptstichwort die Vergangenheitsform 3. Pers. männl. Ez. angegeben. Danach folgt jeweils in Klammern der entsprechende Infinitiv.

A

abbiegen pana (lifnot)
Abend érev (m)
aber aval
abhängig (von) talul (be)
Abschied preda (w)
Abstand mirvach (m)
Adresse któvet (w)
ähnlich dome
alle, -s kol
allein levad
allgemein klali
allmählich le'at le'at
also im ken
alt (Ding) jaschan; **(Mensch)** saken
Ameise nemala (w)
Ampel ramzor (m)
Amt lischka (w)
anbieten hizí'a (lehazí'a)
Andenken maskéret (w)
anderer acher
Anfang hatchala (w)
anfangen hitchil (lehatchil)
angenehm na'im
Angestellter mu'aßak (m)
Angst éma (w)
anhalten azar (la'azor)
anschauen hibit (lehabit)
anstrengend me'umaz
Anstrengung ma'amaz (m)
Antwort tschuva (w)
antworten ana (la'anot)
Anzeige tluna (w)
anziehen hitlabesch (lehitlabesch)
Anzug chalifa (w)
anzünden hizit (lehazit)
Apfel tapúach (m)
Apotheke bet mirkachat (m)
Apotheker rokéach (m)
Arbeit avoda (w)
arbeiten avad (la'avod)
Arbeiter po'el (m)
arbeitslos muvtal
ärgern, sich hitrages (lehitrages)
arm (n. reich) ani; **(elend)** mißken
Arm sró'a (w)
Armband zamid (m)
Armee zava (m)
Art und Weise ófen (m)
Arzt rofe' (m)
Asche éfer (m)
Aschenbecher ma'afera (w)
Atem neschima (w)
auch gam
auf al
Aufenthalt schehija (w)
aufhören hifßik (lehafßik)
aufstehen kam (lakum)
aufstellen hikim (lehakim)
Auge ájin, ejnájim (w)
Augenblick réga' (m)

ausführen bizé'a (levazé'a)
Ausgang jezi'a (w)
ausgezeichnet mezujan
außen bachuz
außer chuz
außerdem chuz mise
Ausland chuz la'árez
ausruhen, sich nach (lanúach)
aussteigen jarad (larédet)
Ausstellung ta'arucha (w)
Ausweis te'uda (w)
auswendig be'al pe
ausziehen paschat (lifschot)
Auto mechonit (w), oto (m)

B

Baby tinok (m)
Bach náchal (m)
backen afa (le'efot)
Bäckerei ma'afija (w)
Bad rachza (w)
baden rachaz (lirchoz)
Bahnhof tachanat rakévet (w)
bald bekarov
Balkon mirpéßet (w)
Ball kadur (m)
Bank (Geld) bank (m); **(Sitz-)** ßafßal (m)
bar (Geld) mesuman-
Bart sakan (m)
Bauch béten (w)
bauen bana (livnot)
Bauer ikar (m)
Baum ez (m)
Baumwolle kutna (w)
Beamter pakid (m)
beabsichtigen kiven (lechaven)
beantworten ana (la'anot)
bedienen schiret (lescharet)
Bedingung tenai (m)
bedrohen ijem (le'ajem)
beeilen, sich miher (lemaher)
beenden ßijem (leßajem)
Befehl zav (m)
Befreiung schichrur (m)
beginnen hitchil (lehatchil)
begleiten liva (lelavot)
begrüßen bérach (levarech)
behandeln tipel (letapel)
beherrschen schalat (lischlot)
bei ézel
Bein régel (w)
Beispiel maschal (m)
bekommen kibel (lekabel)
beleuchten he'ir (leha'ir)
benutzen hischtamesch (lehischtamesch)
Berg har (m)
Bericht divúach (m)
Beruf mikzó'a (m)
beruhigen, sich neraga' (leheraga')
berühmt mefurßam
berühren naga' (lingó'a)
Beschäftigung ißuk (m)
beschuldigen he'eschim (leha'aschim)
Beschwerde tluna (w)
Besen mat'ate (m)
besetzt tafuß
Besitzer bá'al (m)
besonders bejichud
besser (als) adif (mi)
bestellen hismin (lehasmin)
Bestellung hasmana (w)
Besuch bikur (m)
besuchen biker (levaker)
Besucher mevaker (m)
Betrüger ramai (m)
betrunken schikor
Bett mita (w)
bewegen na' (lanú'a)
Bewegung tnu'a (w)
beweisen hochiach (lehochiach)
bezahlen schilem (leschalem)
Bibliothek ßifrija (w)
Biene dvora (w)
Bier bírra (w)
Bild tmuna (w)

Bildung haßkala (w)
billig sol
bis ad
Bitte bakascha (w)
bitten bikesch (levakesch)
bitter mar
Blatt daf (m)
blau kachol
bleiben nisch'ar (lehischa'er)
Bleistift iparon (m)
blind iver
Blitz barak (m)
Blume pérach (m)
Blut dam (m)
Boden (Fuß-) rizpa (w)
Bohnen sche'u'it (m)
Boot ßira (w)
Botschaft (dipl.) schagrirut (w); **(Mitteilung)** méßer (m)
brauchen zarich (Adj.)
braun chum
Braut kala (w)
Bräutigam chatan (m)
brechen schavar (lischbor)
breit rachav
brennen ba'ar (liv'or)
Brief michtav (m)
Briefmarke bul (m)
Brille mischkafájim (m, Mz)
bringen hevi (lehavi)
Brot léchem (m)
Brücke géscher (m)
Bruder ach (m)
Brunnen be'er (w)
Brust chase (m); **(Busen)** schad (m)
Buch ßéfer (m)
Burg mivzar (m)
Bürgersteig midracha (w)
Büro mißrad (m)
Bürste mivréschet (w)
Bus ótobuß (m)
Butter chem'a (w)

C

Café bet kafe (m)
Christ nozri (m)
Computer machschev (m)
Cousin ben dod (m)
Cousine bat dóda (w)

D

Dach gag (m)
damals as
Dame gevéret (w)
Dampf ed (m)
danach acharej se
danken hodot (lehodot)
dann acharkach, im ken
dauern arach (le'eroch)
dauernd kavú'a
Decke (Bett-) ßmicha (w); **(Zimmer-)** tikra (w)
denken chaschav (lachschov)
Denkmal andarta (w)
deshalb lachen
desinfizieren chita' (lechate)
dick ave
Dieb ganav (m)
dienen schiret (lescharet)
Dienst scherut (w)
diese(r) se (m), sot (w)
Ding davar (m)
direkt jaschir
Dokument mißmach (m)
Dolmetscher turgman (m)
Dorf kfar (m)
dort scham
Dose kufßa (w)
Draht tájil (m)
drehen ßavav (leßovev)
dringend dachuf
drücken lachaz (lilchoz)
dumm metumtam
dunkel kehe
dünn dak
Durcheinander balagan (m)
Durchfall schilschul (m)
durstig zame' (m), zme'a (w)
Dusche miklachat (w)

E

Ebene mischor (m)
Ecke pina (w)
Ehe nißu'im (m, Mz)
Ehre kavod (m)
ehren chibed (lechaved)
Ei bejza (w)
Eigenschaft tchuna (w)
eilig dachuf
Eimer dli (m)
Eindruck róschem (m)
Einfluss haschpa'a (w)
Eingang knißa (w)
Einkauf knija (w)
einladen hismin (lehasmin)
einsteigen ala (la'alot)
einverstanden sein hißkim (lehaßkim)
einwickeln ataf (la'atof)
Eis kérach (m); **(Speise-)** glida (w)
Eisen barsel (m)
Eisenbahn rakévet (w)
Eltern horim (m, Mz)
empfehlen himliz (lehamliz)
Ende ßof (m)
endgültig ßofi
endlich ßofßof
eng zar
Ente barvas (m)
entlassen piter (lefater)
Entschädigung pizui (m)
entscheiden hichlit (lehachlit)
entschuldigen ßalach (lißlóach)
Entschuldigung ßlicha (w)
Entzündung daléket (w)
Erde adama (w)
erfolglos lelo hazlacha
erfolgreich mazlíach
erfreuen ßiméach (leßaméach)
Ergebnis tolda (w)
erinnern, sich sachar (liskor)
Erinnerung sikaron (w)
erklären hißbir (lehaßbir)
Erklärung heßber (m)
erlauben hirscha (leharschot)
Ermäßigung hanacha (w)
erschrecken, sich nivhal (lehibahel)
Erwachsener boger (m)
erzählen ßiper (leßaper)
Esel chamor (m)
essen achal (le'echol)
Essen óchel (m)
Essig chómez (m)
Etage koma (w)
etwas máschehu
Experte múmche (m)

F

Fabrik bet charóschet (m)
Faden chut (m)
Fahne dégel (m)
fahren naßa' (linßó'a)
Fahrer nehag (m)
Fahrplan lúach smanim (m)
Fahrrad ofanájim (m, Mz)
Fahrt neßi'a (w)
Fahrzeug réchev (m)
fallen nafal (lipol)
falsch lo nachon
Familie mischpacha (w)
Farbe zéva' (m)
fast kim'at
fasten zam (lazum)
faul azlani
fehlen chaßar (lachßor)
Feier chagiga (w)
Feiertag chag (m)
Feld ßade (m)
Fenster chalon (m)
Ferien chufscha (w)
fern rachok
Fernsehen televizja (w)
fertig (beendet) gamur; **(bereit)** muchan
fest muzak
Fett schuman (m)
Feuer esch (m)
Feuerzeug mezit (m)
Fieber chom (m)

finden maza (limzo)
Finger ezba' (w)
Fisch dag (m)
Flasche bakbuk (m)
Fleisch baßar (m)
fleißig charuz
Fliege svuv (m)
fliegen (Flugzeug) taß (latuß);
(Vogel) af (la'uf)
fliehen barach (livróach)
Flughafen nemal te'ufa (m)
Flugzeug matoß (m)
Fluss nahar (m)
Formular tófeß (m)
Foto tazlum (m)
fotografieren zilem (lezalem)
Frage sche'ela (w)
fragen scha'al (lisch'ol)
Frau gevéret, ischa (w);
(Ehe-) raja, ischa (w)
Frechheit chuzpa (w)
frei chofschi
Freiheit cherut (w)
fremd sar
Freude ßimcha (w)
Freund jedid, chaver (m)
Freundschaft chaverut (w)
Frieden schalom (m)
Friseur ßapar (m)
frisch tari
fröhlich alis
Frucht pri (m)
früh mukdam
Frühstück aruchat bóker (w)
fühlen hirgisch (lehargisch)
füllen mile' (lemale')
für bischvil
Fuß régel, kaf régel (m);
zu F. barégel

G

Gabel masleg (m)
Gans avas (m)
ganz schalem
Garage mußach (m)
Garderobe meltacha (w)
Garten gan (m)
Gast oréach (m)
Gebäude binjan (m)
geben natan (latet);
es gibt jesch
Gebiet tchum (m)
geboren werden nolad (lehivaled)
gebraten zalui
gebrochen schavur
Gebühr agra (w)
Geburtstag jom hulédet (m)
Gedränge ómeß (m)
Geduld ßavlanut (w)
gefährlich meßukan
gefallen maza (limzo) chen
Geflügel of (m)
Gefühl hargascha (w)
gefüllt memule
gegenüber mul
Geheimnis ßod (m)
gehen halach (lalechet)
Gehirn móach (w)
gehörend schajach
Geist rúach (w)
geizig kamzan
gekocht mevuschal
gelb zahov
Geld kéßef (m)
Geldbörse arnak (m)
Gemüse jerakot (w, Mz)
genau (exakt) medujak;
(perfekt) bedijuk, bul
genehmigen ischer (le'ascher)
genug daj, maßpik
Gepäck mit'an (m)
gerade(aus) jaschar
Gerät machschir (m)
gern berazon
Geruch réach (m)
Geschäft éßek (m)
Geschenk matana (w)
Geschichte hißtórija (w)
Geschmack tá'am (m)
Gesellschaft chevra (w)
Gesetz chok (m)
Gesicht panim (m, Mz)

Gespräch ßicha (w)
gestern etmol
gesund bari'
Gesundheit bri'ut (w)
Getränk maschke (m)
Gewissen mazpun (m)
Gift rá'al (m)
Glas (Gefäß) koß (w);
(Material) sechuchit (w)
glauben hi'min (leha'min)
glaubwürdig ne'eman
gleich schave
gleichzeitig bo smani
Glück masal (m)
glücklich me'uschar
Glühbirne nura (w)
Gold sahav (m)
Gott el, elohim (m)
Grad ma'ala (w)
gratis bechinam
grau afor
Grenze gvul (m)
Grippe schapá'at (w)
groß gadol
Großmutter ßávta (w)
Großvater ßába (m)
großzügig adiv
grün jarok
Grund ßiba (w)
Gruppe kvuza (w)
Gruß beracha (w)
Gürtel chagura (w)
gut tov

H

Haare ße'ar (m)
Hafen namel (m)
Hagel barad (m)
halb chazi
halten achas (le'echos)
Haltestelle tachana (w)
Hals zavar (w)
Hand jad, kaf jad (m)
handeln ßachar (lißchor)
Handtuch magévet (w)
hängen tala (litlot)
hart nuksche
hässlich mag'il
Hauptstadt bira (w)
Haus bájit (m)
Haut or (m)
Heft machbéret (w)
heilig kadosch
heiraten hitchaten
(lehitchaten)
heiß cham
heißen: das heisst
sot oméret
helfen asar (la'asor)
hell bahir
Hemd chulza (w)
Herbst ßtav (m)
Herr mar (m)
Herz lev (f)
heute hajom
hier po
Hilfe esra (w);
Hilfe! hazílu!
Himmel schamájim
(m, Mz)
hin: h. und zurück
haloch vaschov
hinausgehen jaza' (lazet)
hineingehen niknaß
(lehikaneß)
hinter me'achorej
hoch gavóa
Hochzeit chatuna (w)
Hoffnung tikva (w)
Höhle me'ara (w)
Holz ez (m)
Honig dvasch (m)
hören schama' (lischmó'a)
Hose michnaßájim (m, Mz)
Hotel (bet) malon (m)
hübsch jafe
Hügel giv'a (w)
Huhn tarnegol (w)
Hund kelev (m)
hungrig ra'ev
Hut kóva' (m)
Hütte bikta (w)

I

Idee rajon (m)
immer tamid
impfen chißun (lechaßen)
in be
Industrie ta'aßija (w)

Ingenieur mehandeß (m)
Inhalt tóchen (m)
inmitten betoch
innen bifnim
Insel i (m)
Instrument machschir (m)
interessant me'anjen
international bejn le'umi
irren, sich ta'a (lit'ot)

J

Jacke me'il kazar (m)
Jahr schana (w)
jemand míschehu (w)
jetzt achschav
jucken gired (legared)
Jugend nó'ar (m)
Jugendlicher bachur (m)
jung za'ir
Junge jéled, ná'ar (m)

K

Kaffee kafe (m)
Kalb égel (m)
kalt kar
Kälte kor (m)
Kamel gamal (m)
Kamm maßrek (m)
kämmen, sich hißtarek (lehißtarek)
kämpfen lacham (lilchom)
Kanne kankan (m)
kaputt mekulkal
Karte kartiß (m); **(Land-)** mapa (w)
Kartoffel tapúach adama (m)
Käse gvina (w)
Kasse kupa (w)
Katze chatul (m)
kaufen kana (liknot)
kein en
Keller martef (m)
Kellner melzar (m)
kennen hikir (lehakir)
Kerze ner (m)
Kind jéled (m)
Kino kolnó'a (m)
Kirche kneßija (w)
Kiste argas (m)
Kleid béged (m)
Kleidung levusch (m)
klein katan
klopfen dafak (lidpok)
klug chacham
Knie bérech (w)
Knoblauch schum (m)
Knochen ézem (w)
Knopf kaftor (m)
Koch tabach (m)
kochen bischel (levaschel)
Koffer misvada (w)
Kohle pecham (m)
kommen ba' (lavo')
Konferenz ve'ida (w)
Konkurrent mitchare (m)
Konsulat konßúlja (w)
Kopf rosch (m)
Korb ßal (m)
Körper guf (m)
kosten ala (la'alot)
Kraft kóach (m)
krank chole
Krankenhaus bet cholim (m)
Krankheit machala (w)
Kreis igul (m)
Kreuz zelav (m)
Kreuzung zómet (m)
Krieg milchama (w)
krumm akom
Küche midbach (m)
Kuchen uga (w)
Kugelschreiber et (m)
Kuh para (w)
kühl karir
Kühlschrank mekarer (m)
Kultur tarbut (w)
Kunst omanut (w)
Kurve mivtal (m)
kurz kazar
Kuss neschika (w)
küssen nischek (lenaschek)
Küste chof (m)

L

lachen zachak (lizchok)

lächeln chijech (lechajech)
Laden chanut (w)
Lamm tale (m)
Lampe menora (w)
Land érez (w)
Landwirtschaft chakla'ut (w)
lang aroch
langsam le'at
langweilig mescha'amem
Lärm ra'asch (m), hamula (w)
Lastwagen maßa'it (w)
laut ro'esch
leben chaja (lichjot)
Leben chajim (m, Mz)
Lebensmittelladen makólet (w)
Leber kaved (m)
Leder or (m)
ledig ravak
leer rek
legen ßam (laßim)
lehren limed (lelamed)
Lehrer more (m)
leicht kal
leihen lava (lilvot); **(ver-)** hisch'il (lehasch'il)
leise schaket
Lektion schi'ur (m)
lernen lamad (lilmod)
lesen kara' (likro')
letzter acharon
Leute anaschim (m)
Licht or (m)
Liebe ahava (w)
lieben ahav (le'ehov)
Lied schir (m)
liegen schachav (lischkav)
links ßmol
Lippe ßafa (w)
Lizenz rischajon (w)
Loch chor (m)
Löffel kaf (m)
Lohn maßkóret (w), ßachar (m)
Löwe arje (m)
Luft avir (m)
Lüge schéker (m)
lügen schiker (leschaker)

M

machen aßa (la'aßot)
Mädchen jalda, na'ara (w)
Magen keva (w)
mahlen tachan (litchon)
Mahlzeit arucha (w)
Mal (einmal) pá'am (m)
malen zijer (lezajer)
manchmal lif'amim
Mann isch (m); **(Ehe-)** ba'al (m)
männlich sachar
Mantel me'il (m)
Markt schuk (m)
Maschine mechona (w)
Mauer choma (w)
Maus achbar (m)
Medikament trufa (w)
Meer jam (m)
Mehl kémach (m)
mehr joter
Mehrheit rov (m)
Meinung de'a (w)
Melone melon (m)
Menge kamut (w)
Mensch (ben) adam, énosch (m)
messen madad (limdod)
Messer ßakin (m)
Methode schita (w)
Miete ßchirut (w)
Milch chalav (m)
Ministerium mißrad (m)
Minute daka (w)
mischen irbev (le'arbev)
mit im
Mittag zohorajim (m, Mz)
Mitte emza' (m)
Mittel emza'i (m)
Mittelmeer jam tichon (m)
Mitternacht chazot (w)
Mobiltelefon telefon ßelulári, pelefon (m)
modern ofnati
möglich efschari
Monat chodesch (m)
Mond jaréach (m)
morgen machar
Morgen bóker (m)
morgens bavóker

Moschee mißgad (m)
Motor manó'a (m)
Motorrad ofanó'a (m)
Mücke jatusch (m)
müde ajef
Mühe ma'amaz (m)
Müll aschpa (w)
Mülleimer pach aschpa (m)
Mund pe (m)
Münze matbé'a (m)
Museum museon (m)
Musik mußika (w)
Muskel scharir (m)
Mutter em, ima' (w)
Mütze kóva' (m)

N

nach acharej
Nachbar schachen (m)
Nachrichten chadaschot (w, Mz)
Nacht láila (w)
nackt erom
Nadel máchat (w)
Nagel maßmer (m); **(Finger-)** zipóren (w)
nahe (bei) karov (le)
nähen tafar (litpor)
Name schem (m)
Nase af (m)
nass ratov
Natur teva' (m)
Nebel arafel (m)
neben al jad
nehmen lakach (lakáchat)
nervös azbani
Netz réschet (w)
neu chadasch
neugierig ßakrani
nicht lo
nie af pá'am lo
niedrig namuch
noch od; **(immer n.)** adájin
Norden zafon (m)
normal tikni
nötig zarich
Nudeln itrijot (w, Mz)
nur rak
Nuss egos (m)

O

oben lemá'la
Obst pri (m)
oder o
Ofen tanur (m)
offen patúach
öffnen patach (liftóach)
oft le'itim krovot
ohne bli
Ohr ósen (w)
Öl schémen (m)
Olive sájit (m)
Onkel dod (m)
Operation nitúach (m)
Orange tapus (m)
Ordnung ßéder (m)
Organisation irgun (m)
Osten misrach (m)

P / Q

Paar sug (m)
packen araz (le'eroz)
Paket chavila (w)
Panne téker (m)
Papier nejar (m)
Park park (m)
parken hechena (lehachanot)
Parkplatz migrasch chanaja (m)
Partei miflaga (w)
Pause hafßaka (w)
Pelz parva (w)
Periode tkufa (w)
persönlich ischi
Pfarrer kómer (m)
Pfeffer pilpel (m)
Pferd ßuß (m)
Pflanze zémach (m)
Pflicht matala (w)
Pilger zaljan (m)
Pilz pitrija (w)
Platz (Stelle) makom (m); **(öffentl.)** kikar (w)
plaudern pitpet (lefatpet)
plötzlich pit'om
Politik mediniut (w)

Polizei mischtara (w)
Polizist schoter (m)
Post do'ar (m)
Postkarte gluja (w)
Preis mechir (m)
privat prati
Problem be'aja (w)
Produkt muzar (m)
prüfen badak (livdok)
Prüfung (Examen) mivchan (m)
(Untersuch.) bedika (w)
Punkt nekuda (w)
Pute hodi (m)
Quelle ma'jan (m)
Quittung kabala (w)

R

Rabbiner rav (m)
Rad galgal (m)
rasieren, sich hitgalé'ach (lehitgalé'ach)
Rat eza (f)
Ratte chulda (w)
Rauch aschan (m)
rauchen ischen (le'aschen)
rechnen chischev (lechaschev)
Rechnung cheschbon (m)
Recht: R. haben zadak (lizdok)
rechts jamin
Rede ne'um (m)
Regen géschem (m)
Regierung memschala (w)
registrieren rascham (lirschom)
reich aschir
reif baschel
Reifen zmig (m)
Reihe schura (w)
reinigen nika (lenakot)
Reis óres (m)
Reise neßi'a (w)
Reisender noßé'a (m)
Reisepass darkon (m)
reiten rachav (lirkov)
Religion dat (m)
religiös dati
rennen raz (laruz)
Rentner gimla'i (m)
Reparatur tikun (m)
reparieren tiken (letaken)
Rest sche'arit (w)
Restaurant miß'ada (w)
Rezept matkon (m); **(Arzt)** mirscham (m)
richtig nachon
Richtung kivun (m)
Rind(er) bakar (m)
Ring tabá'at (w)
Rock chaza'it (w)
roh chaj
rosa varod
Rose schoschana (w), véred (m)
rot adom
Rücken gav (m)
Rucksack tarmil (m)
rückwärts achora
rufen kara' (likro')
ruhen schavat (lischbot)
ruhig schaket
Ruine churba (w)
rund agol

S

Saal ulam (m)
Sache davar (m)
Sack ßak (m)
säen sar'a (lisro'a)
Saft miz (m)
sagen amar (le'emor); higid (lehagid)
Sahne schaménet (m)
Salbe mischcha (m)
Salz mélach (m)
Sand chol (m)
satt ßavé'a
Satz mischpat (m)
sauber naki
Sauberkeit nikajon (m)
sauer chamuz
Schach schachmat (m)
Schaden nések (m)
Schaf kéveß (m)
Schalter (el.) méteg (m); **(Post)** eschnav (m)

schämen, sich hitboschesch (lehitboschesch)
scharf (Speise) charif
Schatten zel (m)
Schaum kézef (m)
Scheck schek (m)
scheinen (Sonne) sarach (lisróach)
Schere mißparájim (m, Mz)
schicken schalach (lischlóach)
Schicksal goral (m)
schieben dachaf (lidchof)
schießen jara (lirot)
Schiff onija (w)
Schild schélet (m)
Schirm mitrija (w)
Schlaf schena (w)
schlafen jaschan (lischon)
schlagen hika (lehakot)
Schlange nachasch (m); **(Warte-)** tor (m)
schlecht ra'; **(verdorben)** mekulkal
schleppen ßachav (lißchov)
schließen ßagar (lißgor)
Schloss (Tür) man'ul (m)
Schlüssel maftéach (m)
schmecken haja (lihjot) ta'im
Schmerz ke'ev (m)
Schmetterling parpar (m)
Schmuck tachschit (m)
schmutzig meluchlach
Schnee schéleg (m)
schneiden chatach (lachtoch), gasar (ligsor); **(Haare)** ßiper (leßaper)
Schneider chajat (m)
schnell maher
Schokolade schokolad (m)
schon kwar
schön jafe
Schönheit jófi (m)
Schrank aron (m)
Schraube bóreg (m)
schreiben katav (lichtov)
Schritt zá'ad (m)
Schuh na'al (w)
Schuld aßma (w); **(Geld)** chov (m)
Schule bet ßéfer (m)
Schüler talmid (m)
Schulter katef (w)
schwach chalasch
schwanger beherajon
Schwanz sanav (m)
schwarz schachor
schweigen schatak (lischtok)
Schwein chasir (m)
schwer kaved
Schwester achot (w)
schwierig kasche
Schwimmbad brechat ßechija (w)
schwimmen ßacha (lißchot)
schwitzen hisi'a (lehasi'a)
See agam (m)
Seele neschama (w)
Segel mifraß (m)
sehen ra'a (lir'ot)
sehr me'od
Seide méschi (m)
Seife ßabon (m)
Seil chével (m)
seit me'as
Seite (Buch) ámud (m); **(Flanke)** zad (m)
Sekretärin maskira (w)
selbst be'azmo
selten (Adv.) benadir
seltsam musar
senden schalach (lischlóach)
Serviette mapit (w)
sicher batúach; **s.!** bétach
Silber kéßef (m)
singen schar (laschir)
sitzen jaschav (laschévet)
Skorpion akrav (m)
so kach
sofort mijad
sogar afílu
Sohn ben (m)
Soldat chajal (m)

Sommer kájiz (m)
Sonne schémesch (w)
Soße rótev (m)
spät me'uchar
spazieren hithalech (lehithalech)
Speisekarte tafrit (m)
Spiegel re'i (m)
Spiel mißchak (m)
spielen ßichek (leßachek)
Spielzeug za'azú'a
Spinne akavisch (m)
Sport ßport (m)
Sprache ßafa (w)
sprechen diber (ledaber)
Spritze srika (w)
Spur ikva (w)
Staat medina (w)
stark chasak
stattfinden hitkajem (lehitkajem)
Staub avak (m)
stechen dakar (lidkor)
Steckdose schéka' (m)
Stecker téka' (m)
stehen amad (la'amod)
stehlen ganav (lignov)
Stein éven (w)
sterben met (lamut)
Stern kochav (m)
still charischi
Stimme kol (m)
Stoff (Gewebe) arig (m)
stören hifri'a (lehafri'a)
Strafe ónesch (m); **(Geld-)** knaß (m)
Strand chof (m)
Straße rechov (w); **(Land-)** kvisch (m)
Streichholz gafrur (m)
Streik schvita (w)
Streit riv (m)
streiten rav (lariv)
Strom (el.) chaschmal (m)
Strumpf gérev (m)
Stück chaticha (w)
Student ßtudent (m)
studieren lamad (lilmod)
Stuhl kiße' (m)
Stunde scha'a (w)
Sturm ße'ara (w)
suchen chipeß (lechapeß)
Süden darom (m)
Sünde chet (m)
Suppe marak (m)
süß matok
Synagoge bet knéßet (m)

T

Tablett magasch (m)
Tablette glula (w)
Tag jom (m)
täglich jomjom
Tal émek (m)
tanken tidlek (letadlek)
Tankstelle tachanat délek (w)
Tante dóda (w)
Tanz rikud (m)
tanzen rakad (lirkod)
Tasche (Reise-) tik (m); **(Hand-)** arnak (m); **(in Kleidung)** kiß (m)
Taschentuch ßmartut (w)
Tasse ßéfel (m)
taub chéresch (m)
Taube jona (w)
tauchen zalal (lizlol)
Taxi monit (w)
Tee te (m)
Teil chélek (m)
teilen chilek (lechalek)
teilnehmen hischtatef (lehischtatef)
Telefon télefon (m)
telefonieren tilfen (letalfen)
Teller zaláchat (w)
Teppich schatíach (m)
Termin mo'ed (m)
teuer jakar
tief amok
Tier chaja (w)
Tisch schulchan (m)
Tochter bat (w)
Tod mávet (m)
Toilette scherutim (m, Mz)
Tomate agvanija (w)
Topf ßir (m)
Tor schá'ar (m)

tot niftar;
Totes Meer jam hamélach (m)
töten hemit (lehamit)
Tourist tajar (m)
tragen naßa (laßet);
(Kleid) lavasch (lilbosch)
träumen chalam (lachalom)
traurig azuv, nuge
treffen pagasch (lifgosch)
Treppe madregot (w, Mz)
treu ne'eman
trinken schata (lischtot)
Trinkgeld tip, téscher (m)
trocken javesch;
(Boden) zachíach
trocknen nigev (lenagev)
Tropfen tipa (w)
tun aßa (la'aßot)
Tür délet (w)
Turm migdal (m)
Tüte ßakik (m)

U

üben tirgel (letargel)
über al
überall bechol makom
übermorgen mochorotájim
übernachten lan (lalun)
übersetzen tirgem (letargem)
überzeugen schichna' (leschachné'a)
üblich nahug
Ufer gada (w)
Uhr scha'on (m)
umgekehrt hafuch
Umwelt ßviva (w)
und ve-
Unfall te'una (w)
ungefähr be'érech
Unglück aßon (m)
Universität univérsita (w)
unmöglich i efschar
unschuldig chaf mipéscha'
untauglich paßul
unten lemáta
unterschreiben chatam (lachtom)
Unterschrift chatima (w)
Unterwäsche levanim (m, Mz)

V

Vater av, aba' (m)
verantwortlich achra'i
verbinden kischer (lekascher)
verboten aßur
Verbrecher posche'a (m)
vergessen schachach (lischkóach)
verkaufen machar (limkor)
Verkehr tnu'a (w)
verlängern he'erich (leha'arich)
verlassen asav (la'asov)
verletzt pazú'a
Verletzung pezi'a (w)
verlieren ibed (le'abed)
verrückt maschuga;
v. werden hischtagéa (lehischtagéa)
Versammlung aßefa (w)
verschieden schone
Versicherung bitúach (m)
Verspätung ichur (m)
versprechen hivtíach (lehavtíach)
verstehen hevin (lehavin)
versuchen nißa (lenaßot)
Verwaltung minhal (m)
Verwandter karov (m)
verweigern ßirev (leßarev)
verzichten viter (levater)
viel harbe
vielleicht ulai
Visum aschra (w)
Vogel zipor (m)
Volk am (m)
voll male
von mi
vor lifnej
vorbeigehen avar (la'avor)
vorher kódem
vorsichtig sahir
Vorstellung hazaga (w)

vorziehen he'edif (leha'adif)

W

wachsen gadal (ligdol)
Waffe néschek (m)
wählen bachar (livchor)
während bemeschech
Wahrheit émet (w)
Wald já'ar (m)
Wand kir (m)
Ware ßchora (w)
warm cham
warten chika (lechakot)
waschen: sich w. hitrachez (lehitrachez)
(Wäsche) kibeß (lechabeß)
Waschbecken kijor (m)
Wasser májim (m, Mz)
wechseln hichlif (lehachlif);
Geld w. himir (lehamir)
wecken he'ir (leha'ir)
Weg dérech (w)
wegen biglal
weich rach
Wein jájin (m)
weinen bacha (livkot)
weiß lavan
weit (entfernt) rachok
Welle gal (m)
Welt olam (m)
wenig me'at
weniger pachot
wenn (Bedingung) im
werfen sarak (lisrok)
Wert érech (m)
wertlos chaßar érech
wertvoll jakar érech
Westen ma'arav (m)
Wetter méseg avir (m)
wichtig chaschuv
wieder schuv
wiederholen chasar (lachsor)
wiegen schakal (lischkol)
Wind rúach (w)
Winter chóref (m)
Wirtschaft kalkala (w)
wissen jada' (lada'at)
Wissenschaft mada' (m)
Woche schavú'a (m)
wohnen gar (lagur)
Wohnung dira (w)
Wolf se'ev (m)
Wolke anan (m)
Wolle zémer (m)
Wort mila (w)
Wörterbuch milon (m)
Wunde péza' (m)
wünschen raza (lirzot)
Wurst naknik (m)
Wüste midbar (m)

Z

Zahl mißpar (m)
zählen ßafar (lißpor)
Zahn schen (m)
Zeichen ßiman (m)
zeigen her'a (lehar'ot)
Zeit sman (m)
Zeitschrift ktav et (m)
Zeitung iton (m)
Zelt óhel (m)
zerstören haraß (laharoß)
Zeuge ed (m)
Ziege es (w)
ziehen maschach (limschoch)
Ziel matara (m), ja'ad (m)
Zigarette ßigárja (w)
Zimmer chéder (m)
Zitrone limon (m)
Zoll mécheß (m)
Zucker ßukar (m)
zufrieden meruze
Zunge laschon (w)
zurückkehren chasar (lachsor)
zusammen bejáchad
Zustand mazav (m)
Zweifel ßafek (m)
Zwiebel bazal (m)
zwischen ... und ben ... uben

Wörterliste Hebräisch – Deutsch

A

aba' (m) Vater
ach (m) Bruder
achal (le'echol) essen
acharej nach
acharkach dann
acharon letzter
achas (le'echos) halten
achbar (m) Maus
acher anderer
achora rückwärts
achot (w) Schwester
achra'i verantwortlich
achschav jetzt
ad bis
adájin immer noch
adam (m) Mensch
adama (w) Erde
adif besser
adiv großzügig
adom rot
af: a. pa'am (lo) nie
af (m) Nase
af (la'uf) fliegen (Vogel)
afa (le'efot) backen
afílu sogar
afor grau
agam (m) See
agol rund
agra (w) Gebühr
ahav (le'ehov) lieben
ahava (w) Liebe
ajef müde
ájin, ejnájim (w) Auge
akavisch (m) Spinne
akom krumm
akrav (m) Skorpion
al auf, über
ala (la'alot) einsteigen; kosten
alis fröhlich
am (m) Volk
amad (la'amod) stehen
amar (le'emor) sagen
amok tief
ana (la'anot) antworten
anan (m) Wolke
anaschim (m, Mz) Leute
andarta (w) Denkmal
ani arm
arach (le'eroch) dauern
arafel (m) Nebel
araz (le'eroz) (ein)packen
argas (m) Kiste
arje (m) Löwe
arnak (m) Tasche, Geldbörse
aroch lang
aron (m) Schrank
arucha (w) Essen; **aruchat bóker** Frühstück
as damals
aschan (m) Rauch
aschra (w) Visum
asar (la'asor) helfen
asav (la'asov) verlassen
aschir reich
aschpa (w) Müll
aßa (la'aßot) machen, tun
aßefa (w) Versammlung
aßon (m) Unglück
aßur verboten
ataf (la'atof) einwickeln
av (m) Vater
avad (la'avod) arbeiten
aval aber
avar (la'avor) vorbeigehen
avas (m) Gans
ave dick
avir (m) Luft
avoda (w) Arbeit
azar (la'azor) anhalten
azbani nervös
azlani faul
azuv traurig

B

ba' (lavo') kommen
bá'al (m) Ehemann, Besitzer
ba'ar (liv'or) brennen
bachar (livchor) wählen
bachur (m) Jugendlicher
bachuz außen
badak (livdok) prüfen
bahir hell
bájit (m) Haus; **bet charóschet** Fabrik; **bet cholim** Krankenhaus;

bet kafe Café;
bet knéßet Synagoge;
bet malon Hotel;
bet mirkachat Apotheke;
bet ßéfer Schule
bakar (m) Rind(er), Vieh
bakascha (w) Bitte
bakbuk (m) Flasche
balagan (m) Durcheinander
bana (livnot) bauen
barach (livróach) fliehen
barad (m) Hagel
barak (m) Blitz
barégel zu Fuss
bari' gesund
barsel (m) Eisen
barvas (m) Ente
baschel reif
baßar (m) Fleisch
bat (w) Tochter;
b. dóda Cousine
bavóker morgens
bazal (m) Zwiebel
be in
be'aja (w) Problem
be'azmo selbst
bechinam gratis
bedijuk genau, perfekt
bedika (w) Untersuchung, Prüfung
be'er (w) Brunnen
be'érech ungefähr
béged (m) Kleid
beherajon schwanger
bejáchad zusammen
bejichud besonders
bejn le'umi international
bejza (w) Ei
bekarov bald
bemeschech während
ben (m) Sohn;
b. adam Mensch;
b. dod Cousin
ben: b. ... uben zwischen
bérach (levarech) begrüßen
beracha (w) Gruß
berazon gern
bérech (w) Knie
bétach sicher!
béten (w) Bauch
betoch inmitten
bifnim innen
biglal wegen
biker (levaker) besuchen
bikesch (levakesch) bitten
bikta (w) Hütte
bikur (m) Besuch
binjan (m) Gebäude
bira (w) Hauptstadt
bírra (w) Bier
bischel (levaschel) kochen
bischvil für
bizé'a (levazé'a) aus-, durchführen
bli ohne
boger (m) Erwachsener
bóker (m) Morgen
bri'ut (w) Gesundheit
bul genau, perfekt
bul (m) Briefmarke

C

chacham klug
chadasch neu
chadaschot (w, Mz) Nachrichten
chaf mipéscha' unschuldig
chag (m) Feiertag
chagiga (w) Feier
chagura (w) Gürtel
chaj roh
chaja (w) Tier
chaja (lichjot) leben
chajal (m) Soldat
chajat (m) Schneider
chajim (m, Mz) Leben
chakla'ut (w) Landwirtschaft
chalam (lachalom) träumen
chalasch schwach
chalav (m) Milch
chalifa (w) Anzug
chalon (m) Fenster
cham warm, heiß
chamor (m) Esel

chamuz sauer
chanut (w) Laden
charif scharf (Speise)
charuz fleißig
chasak stark
chasar (lachsor) zurückkehren, wiederholen
chaschav (lachschov) denken
chaschmal (m) Strom
chaschuv wichtig
chase (m) Brust
chaßar (lachßor) fehlen
chatach (lachtoch) schneiden
chatan (m) Bräutigam
chaticha (w) Stück
chatul (m) Katze
chatuna (w) Hochzeit
chaver (m) Freund
chaverut (w) Freundschaft
chavila (w) Paket
chaza'it (w) Rock
chazi halb
chazot (w) Mitternacht
chéder (m) Zimmer
chem'a (w) Butter
chéresch (m) taub
cherut (w) Freiheit
cheschbon (m) Rechnung
chet (m) Sünde
chevra (w) Gesellschaft
chibed (lechaved) ehren
chijech (lechajech) lächeln
chika (lechakot) warten
chipeß (lechapeß) suchen
chischev (lechaschev) rechnen
chißun (lechaßen) impfen
chita' (lechate) desinfizieren
chodesch (m) Monat
chof (m) Strand, Küste
chofschi frei
chok (m) Gesetz
chol (m) Sand
chole krank
chom (m) Fieber
choma (w) Mauer
chómez (m) Essig
chor (m) Loch
chóref (m) Winter
chufscha (w) Ferien
chulza (w) Hemd
chum braun
churba (w) Ruine
chut (m) Faden
chuz außer;
ch. la'árez Ausland;
ch. mise außerdem
chuzpa (w) Frechheit

D

dachaf (lidchof) schieben
dachuf eilig
daf (m) Blatt
dafak (lidpok) klopfen
dag (m) Fisch
daj genug
dak dünn
daka (w) Minute
daléket (w) Entzündung
dam (m) Blut
darkon (m) Reisepass
darom (m) Süden
dat (m) Religion
dati religiös
davar (m) Ding, Sache
de'a (w) Meinung
dégel (m) Fahne
délet (w) Tür
dérech (w) Weg
diber (ledaber) sprechen
dira (w) Wohnung
divúach (m) Bericht
dli (m) Eimer
do'ar (m) Post
dod (m) Onkel
dóda (w) Tante
dome ähnlich
dvasch (m) Honig
dvora (w) Biene

E

ed (m) Zeuge; Dampf
éfer (m) Asche
efschar: i e. unmöglich

efschari möglich (Adj.)
égel (m) Kalb
egos (m) Nuss
ejza (w) Rat
el(ohim) (m) Gott
em (w) Mutter
éma (w) Angst
emza' (m) Mitte
emza'i (m) Mittel
en kein
énosch (m) Mensch
érech (m) Wert
érev (m) Abend
érez (w) Land
erom nackt
es (w) Ziege
esch (m) Feuer
eschnav (m) Schalter
esra (w) Hilfe
éßek (m) Geschäft
et (m) Kugelschreiber
etmol gestern
ez (m) Baum, Holz
eza (w) Rat
ezba' (w) Finger
ézel bei
ézem (w) Knochen

G

gadol groß
gafrur (m) Streichholz
gag (m) Dach
gal (m) Welle
galgal (m) Rad
gam auch
gamal (m) Kamel
gamur fertig, beendet
gan (m) Garten
ganav (m) Dieb
ganav (lignov) stehlen
gar (lagur) wohnen
gav (m) Rücken
gavóa hoch
géschem (m) Regen
géscher (m) Brücke
gevéret (w) Dame, Frau
gimla'i (m) Rentner
gired (legared) jucken
giv'a (w) Hügel
glida (w) Speiseeis
gluja (w) Postkarte
glula (w) Tablette
goral (m) Schicksal
guf (m) Körper
gvina (w) Käse
gvul (m) Grenze

H

hafßaka (w) Pause
hafuch umgekehrt
haja (lihjot) schmecken
hajom heute
halach (lalechet) gehen
haloch: h. vaschov hin und zurück
hamula (w) Lärm
hanacha (w) Ermäßigung
hanhala (w) Verwaltung
har (m) Berg
haraß (laharoß) zerstören
harbe viel
hargascha (w) Gefühl
haschpa'a (w) Einfluss
hasmana (w) Bestellung
haßkala (w) Bildung
hatchala (w) Anfang
hazílu! Hilfe!
hazlacha: lelo h. erfolglos
hechena (lehachanot) parken
he'edif (leha'adif) vorziehen
he'erich (leha'arich) verlängern
he'eschim (leha'aschim) beschuldigen
he'ir (leha'ir) beleuchten
her'a (lehar'ot) zeigen
heßber (m) Erklärung
hevi (lehavi) bringen
hevin (lehavin) verstehen
hibit (lehabit) ansehen
hichlif (lehachlif) wechseln
hichlit (lehachlit) entscheiden
hifrí'a (lehafrí'a) stören
hifßik (lehafßik) aufhören
higid (lehagid) sagen
hika (lehakot) schlagen

hikim (lehakim) aufstellen
hikir (lehakir) kennen
hi'min (leha'min) glauben
himir (lehamir) wechseln (Geld)
himliz (lehamliz) empfehlen
hirgisch (lehargisch) fühlen
hirscha (leharschot) erlauben
hisch'il (lehasch'il) verleihen
hischtagéa (lehischtagéa) verrückt werden
hischtamesch (lehischtamesch) benutzen
hismin (lehasmin) einladen, bestellen
hißbir (lehaßbir) erklären
hißkim (lehaßkim) einverstanden sein
hißtarek (lehißtarek) sich kämmen
hitchaten (lehitchaten) heiraten
hitchil (lehatchil) anfangen, beginnen
hitgalé'ach (lehitgalé'ach) sich rasieren
hitlabesch (lehitlabesch) anziehen
hitrachez (lehitrachez) sich waschen
hitrages (lehitrages) sich ärgern
hizí'a (lehazí'a) anbieten
hizit (lehazit) anzünden
hochiach (lehochiach) beweisen
hodi (m) Pute
hodot (lehodot) danken
horim (m, Mz) Eltern

I

i (m) Insel
ichur (m) Verspätung
igul (m) Kreis
ijem (le'ajem) bedrohen
ikar (m) Bauer
ikva (w) Spur
im mit, wenn;
i. ken also, dann
ima' (w) Mutter
iparon (m) Bleistift
irbev (le'arbev) mischen
irgun (m) Organisation
isch (m) Mann
ischa (w) Frau, Ehefrau
ischen (le'aschen) rauchen
ischer (le'ascher) genehmigen
ischi persönlich
ißuk (m) Beschäftigung
iton (m) Zeitung
itrijot (w, Mz) Nudeln
iver blind

J

já'ar (m) Wald
jad (m) Hand;
al j. neben
jada' (lada'at) wissen
jafe schön, hübsch
jajin (m) Wein
jakar teuer
jalda (w) Mädchen
jam (m) Meer;
j. hamélach Totes Meer
j. tichon Mittelmeer
jamin rechts
jara (lirot) schießen
jarad (larédet) aussteigen
jaréach (m) Mond
jarok grün
jaschan alt
jaschan (lischon) schlafen
jaschar gerade(aus)
jaschir direkt
jatusch (m) Mücke
jaza' (lazet) hinausgehen
jedid (m) Freund
jéled (m) Kind, Junge
jerakot (w, Mz) Gemüse
jezi'a (w) Ausgang

jófi (m) Schönheit
jom (m) Tag;
j. hulédet Geburtstag
joter mehr

K

kabala (w) Quittung
kach so
kachol blau
kadosch heilig
kadur (m) Ball
kaf (m) Löffel;
k. jad Hand;
k. régel Fuß
kájiz (m) Sommer
kaftor (m) Knopf
kal leicht
kala (w) Braut
kam (lakum) aufstehen
kamut (w) Menge
kamzan geizig
kana (liknot) kaufen
kankan (m) Kanne
kar kalt
kara' (likro') lesen, rufen
karir kühl
karov (le) nahe (bei)
karov (m) Verwandter
kartiß (m) Karte
kasche schwierig
katan klein
katav (lichtov) schreiben
kaved schwer
kaved (m) Leber
kavod (m) Ehre
kavú'a dauernd
kazar kurz
ke'ev (m) Schmerz
kehe dunkel
kelev (m) Hund
kémach (m) Mehl
kérach (m) Eis
kéßef (m) Geld, Silber
keva (w) Magen
kéveß (m) Schaf
kézef (m) Schaum
kfar (m) Dorf
kibel (lekabel) bekommen
kibeß (lechabeß) waschen (Wäsche)
kikar (m) Platz
kim'at fast
kir (m) Wand
kiße' (m) Stuhl
kiven (lechaven) beabsichtigen
kivun (m) Richtung
klali allgemein
kneßija (w) Kirche
knija (w) Einkauf
knißa (w) Eingang
kóach (m) Kraft
kochav (m) Stern
kódem vorher
kol alle
kol (m) Stimme
kolnó'a (m) Kino
koma (w) Etage
kómer (m) Pfarrer
kor (m) Kälte
koß (w) (Trink-)Glas
kóva' (m) Hut, Mütze
któvet (w) Adresse
kufßa (w) Dose
kupa (w) Kasse
kutna (w) Baumwolle
kvisch (m) (Land-)Straße
kvuza (w) Gruppe

L

lachaz (lilchoz) drücken
lacham (lilchom) kämpfen
lachen deshalb
láila (w) Nacht
lakach (lakáchat) nehmen
lamad (lilmod) lernen
laschon (w) Zunge
lava (lilvod) leihen
lavan weiß
lavasch (lilbosch) tragen (Kleider)
le'at langsam;
l. le'at allmählich
léchem (m) Brot
le'itim krovot oft
lemá'la oben, oberhalb
lemáta unten, unterhalb
lev (w) Herz
levad allein

levusch (m) Kleidung
lif'amim manchmal
lifnej vor
limed (lelamed) lehren
limon (m) Zitrone
lischka (w) Amt
liva (lelavod) begleiten
lo nicht, nein
lúach (m): l. smanim Fahrplan

M

ma'afera (w) Aschenbecher
ma'afija (w) Bäckerei
ma'ala (w) Grad
ma'amaz (m) Anstrengung, Mühe
ma'arav (m) Westen
machala (w) Krankheit
machar morgen
máchat (w) Nadel
machbéret (w) Heft
machschev (m) Computer
machschir (m) Gerät, Instrument
madad (limdod) messen
madregot (w, Mz) Treppe
maftéach (m) Schlüssel
magasch (m) Tablett
magévet (w) Handtuch
mag'il hässlich
maher schnell
ma'jan (m) Quelle
májim (m, Mz) Wasser
makólet (w) Lebensmittelladen
makom (m) Platz, Stelle; **bechol m.** überall
male voll
manó'a (m) Motor
man'ul (m) (Tür-)Schloss
mapa (w) Landkarte
mar bitter
mar (m) Herr
martef (m) Keller
masal (m) Glück
maschach (limschoch) ziehen
maschal (m) Beispiel
máschehu etwas
maschke (m) Getränk
maschuga verrückt
maskéret (w) Andenken
maskira (w) Sekretärin
masleg (m) Gabel
maßa'it (w) Lastwagen
maßkóret (w) Lohn
maßmer (m) Nagel
maßpik genug
maßrek (m) Kamm
matala (w) Pflicht
matana (w) Geschenk
mat'ate (m) Besen
matbé'a (m) Münze
matkon (m) Rezept
matok süß
matoß (m) Flugzeug
mávet (m) Tod
maza (limzo) finden; **m. chen** gefallen
mazav (m) Zustand
mazlíach erfolgreich
mazpun (m) Gewissen
me'achorej hinter
me'anjen interessant
me'ara (w) Höhle
me'at wenig
mécheß (m) Zoll
mechir (m) Preis
mechona (w) Maschine
mechonit (w) Auto
medina (w) Staat
mediniut (w) Politik
medujak genau,exakt
mefurßam berühmt
mehandeß (m) Ingenieur
me'il (m) Mantel; **m. kazar** Jacke
mekarer (m) Kühlschrank
mekulkal kaputt, verdorben
mélach (m) Salz
meltacha (w) Garderobe
melzar (m) Kellner
memschala (w) Regierung
memule gefüllt
menora (w) Lampe
me'od sehr
meruze zufrieden
mescha'amem langweilig

méseg: m. avir (m) Wetter
méßer (m) Botschaft, Mitteilung
meßukan gefährlich
mesuman bar (Geld)
méteg (m) Schalter
metumtam dumm
me'uchar spät
me'umaz anstrengend
me'uschar glücklich
mevaker (m) Besucher
mevuschal gekocht
mezit (m) Feuerzeug
mezujan ausgezeichnet
mi von
michnaßájim (m, Mz) Hose
michtav (m) Brief
midbach (m) Küche
midbar (m) Wüste
midracha (w) Bürgersteig
miflaga (w) Partei
migdal (m) Turm
migrasch (m): m. chanaja Parkplatz
miher (lemaher) sich beeilen
mijad sofort
miklachat (w) Dusche
mikzó'a (m) Beruf
mila (w) Wort
milchama (w) Krieg
mile' (lemale') füllen
milon (m) Wörterbuch
mirpéßet (w) Balkon
mirscham (m) Arztrezept
mirvach (m) Abstand
mischcha (w) Salbe
míschehu jemand
mischkafájim (m, Mz) Brille
mischor (m) Ebene
mischpacha (w) Familie
mischpat (m) Satz
mischtara (w) Polizei
misrach (m) Osten
miß'ada (w) Restaurant
mißgad (m) Moschee
mißken arm, elend
mißmach (m) Dokument
mißpar (m) Zahl, Nummer
mißparájim (m, Mz) Schere
mißrad (m) Büro, Ministerium
misvada (w) Koffer
mita (w) Bett
mit'an (m) Gepäck
mitchare (m) Konkurrent
mitrija (w) Schirm
mivchan (m) Prüfung
mivréschet (w) Bürste
mivtal (m) Kurve
mivzar (m) Burg
miz (m) Saft
móach (m) Gehirn
mochorotájim übermorgen
mo'ed (m) Termin
more (m) Lehrer
mu'aßak (m) Angestellter
muchan bereit, fertig
mukdam früh
mul gegenüber
múmche (m) Experte
musar seltsam
mußach (m) Garage
muvtal arbeitslos
muzak fest
muzar (m) Produkt

N

na' (lanú'a) bewegen
na'al (w) Schuhe
ná'ar (m) Junge
na'ara (w) Mädchen
nach (lanúach) sich ausruhen
náchal (m) Bach
nachasch (m) Schlange
nachon richtig
nafal (lipol) fallen
naga' (lingó'a) berühren
nahar (m) Fluss
na'im angenehm
naki sauber
naknik (m) Wurst
namel (m) Hafen; **nemal te'ufa** Flughafen

namuch niedrig
naßa (laßet) tragen
naßa' (linßó'a) fahren
natan (latet) geben
ne'eman treu, glaubwürdig
nehag (m) Fahrer
nejar (m) Papier
nekuda (w) Punkt
neraga' (leheraga') sich beruhigen
nemala (w) Ameise
ner (m) Kerze
neschama (w) Seele
néschek (m) Waffe
neschika (w) Kuss
neschima (w) Atem
nések (m) Schaden
neßi'a (w) Fahrt, Reise
ne'um (m) Rede
niftar tot
nika (lenakot) reinigen
nikajon (m) Sauberkeit
niknaß (lehikaneß) hineingehen
nisch'ar (lehischa'er) bleiben
nischek (lenaschek) küssen
nißa (lenaßot) versuchen
nißui'm (m, Mz) Ehe
nitúach (m) Operation
nivhal (lehibahel) sich erschrecken
nó'ar (m) Jugend
nolad (lehivaled) geboren werden
noßé'a (m) Reisender
nozri (m) Christ
nuksche hart
nura (w) Glühbirne

O

o oder
óchel (m) Essen
od noch
of (m) Geflügel, Huhn
ofanájim (m, Mz) Fahrrad
ofanó'a (m) Motorrad
ófen (m) Art und Weise
ofnati modern
olam (m) Welt
omanut (w) Kunst
ómeß (m) Gedränge
onija (w) Schiff
or (m) Haut, Leder; Licht
oréach (m) Gast
óres (m) Reis
ósen (w) Ohr
oto (m) Auto
ótobuß (m) Bus

P

pá'am (m) Mal, einmal
pachot weniger
pakid (m) Beamter
pana (lifnot) abbiegen
panim (m, Mz) Gesicht
para (w) Kuh
parpar (m) Schmetterling
parva (w) Pelz
paschat (lifschot) ausziehen
paßul untauglich
patach (liftóach) öffnen
patúach offen
pazú'a verletzt
pe (m) Mund;
be'al p. auswendig
pecham (m) Kohle
pelefon (m) Handy
pérach (m) Blume
péza' (m) Wunde
pezi'a (w) Verletzung
pilpel (m) Pfeffer
pina (w) Ecke
piter (lefater) entlassen
pit'om plötzlich
pitpet (lefatpet) plaudern
pitrija (w) Pilz
pizui (m) Entschädigung
po hier
po'el (m) Arbeiter
posche'a (m) Verbrecher
prati privat
preda (w) Abschied
pri (m) Frucht, Obst

R

ra' schlecht

ra'a (lir'ot) sehen
rá'al (m) Gift
ra'asch (m) Lärm
rach weich
rachav breit
rachav (lirchov) reiten
rachaz (lirchoz) baden
rachok fern
rachza (w) Bad
ra'ev hungrig
raja (w) Ehefrau
rajon (m) Idee
rak nur
rakévet (w) Eisenbahn
ramai (m) Betrüger
ramzor (m) Ampel
rascham (lirschom) registrieren
ratov nass
rav (m) Rabbiner
rav (lariv) streiten
ravak ledig
raz (laruz) rennen
réach (m) Geruch
réchev (m) Fahrzeug
rechov (w) Straße
réga' (m) Augenblick
régel (w) Bein
rek leer
réschet (w) Netz
rikud (m) Tanz
rischajon (w) Lizenz
riv (m) Streit
rizpa (w) (Fuß-)Boden
ro'esch laut
rofe' (m) Arzt
rokéach (m) Apotheker
rosch (m) Kopf
róschem (m) Eindruck
rov (m) Mehrheit
rúach (w) Wind, Geist

S

sachar männlich
sachar (liskor) sich erinnern
sahav (m) Gold
sájit (m) Olive
sakan (m) Bart
saken alt (Mensch)
sar fremd
sar'a (lisro'a) säen
sarach (lisróach) scheinen (Sonne)
sarak (lisrok) werfen
scha'a (w) Stunde
scha'al (lisch'ol) fragen
schá'ar (m) Tor
schachach (lischkóach) vergessen
schachav (lischkav) liegen
schachen (m) Nachbar
schachor schwarz
schad (m) Busen, Brust
schagrirut (w) Botschaft
schajach gehörend
schaket leise, ruhig
schalach (lischlóach) schicken, senden
schalat (lischlot) beherrschen
schalem ganz
schalom (m) Frieden
scham dort
schama' (lischmó'a) hören
schamájim (m, Mz) Himmel
schaménet (w) Sahne
schana (w) Jahr
scha'on (m) Uhr
schapá'at (w) Grippe
scharir (m) Muskel
schata (lischtot) trinken
schatak (lischtok) schweigen
schatíach (m) Teppich
schavar (lischbor) brechen
schavat (lischbot) ruhen
schave gleich
schavú'a (m) Woche
sche'arit (w) Rest
sche'ela (w) Frage
schehija (w) Aufenthalt
schéker (m) Lüge
schéleg (m) Schnee
schélet (m) Schild
schem (m) Name
schémen (m) Öl

schémesch (w) Sonne
schena (w) Schlaf
scherut (w) Dienst;
scherutim (m, Mz) Toilette
sche'u'it (m) Bohnen
schichna' (leschachné'a) überzeugen
schichrur (m) Befreiung
schiker (leschaker) lügen
schikor betrunken
schilem (leschalem) (be)zahlen
schilschul (m) Durchfall
schir (m) Lied
schiret (lescharet) (be)dienen
schita (w) Methode
schi'ur (m) Lektion
schoschana (w) Rose
schoter (m) Polizist
schuk (m) Markt
schulchan (m) Tisch
schum (m) Knoblauch
schuman (m) Fett
schura (w) Reihe
schuv wieder
schvita (w) Streik
sechuchit (w) Glas
se'ev (m) Wolf
sikaron (w) Erinnerung
sman (m) Zeit
smani: bo s. gleichzeitig
sol billig
srika (w) Spritze
sró'a (w) Arm
ßába (m) Großvater
ßabon (m) Seife
ßacha (lißchot) schwimmen
ßachar (m) Lohn
ßachar (lißchor) handeln
ßachav (lißchov) schleppen
ßade (m) Feld
ßafa (w) Sprache, Lippe
ßafek (m) Zweifel
ßafßal (m) (Sitz-)Bank
ßagar (lißgor) schließen
ßak (m) Sack
ßakik (m) Tüte
ßakin (m) Messer
ßakrani neugierig
ßal (m) Korb
ßalach (lißlóach) entschuldigen
ßam (laßim) legen
ßapar (m) Friseur
ßavav (leßovev) drehen
ßavé'a satt
ßavlanut (w) Geduld
ßávta (w) Großmutter
ßchirut (w) Miete
ße'ar (m) Haare
ßéder (m) Ordnung
ßéfel (m) Tasse
ßéfer (m) Buch
ßiba (w) Grund, Ursache
ßicha (w) Gespräch
ßichek (leßachek) spielen
ßifrija (w) Bibliothek
ßigárja (w) Zigarette
ßijem (laßejem) beenden
ßiman (m) Zeichen
ßimcha (w) Freude
ßiméach (leßaméach) erfreuen
ßiper (leßaper) erzählen
ßira (w) Boot
ßlicha (w) Entschuldigung
ßmartut (w) Taschentuch
ßmicha (w) (Bett-)Decke
ßmol links
ßod (m) Geheimnis
ßof (m) Ende
ßofi endgültig
ßofßof endlich
ßtav (m) Herbst
ßukar (m) Zucker
ßuß (m) Pferd
sug (m) Paar
svuv (m) Fliege

T

ta'a (lit'ot) sich irren
ta'am (m) Geschmack
ta'arucha (w) Ausstellung
ta'aßija (w) Industrie
tabá'at (w) Ring
tabach (m) Koch
tachan (litchon) mahlen
tachana (w) Haltestelle;

tachanat rakévet Bahnhof
tachschit (m) Schmuck
tafar (litpor) nähen
tafrit (m) Speisekarte
tafuß besetzt
tajar (m) Tourist
tájil (m) Draht
tala (litlot) hängen
tale (m) Lamm
talul (be) abhängig (von)
tamid immer
tanur (m) Ofen
tapúach (m) Apfel;
t. adama Kartoffel
tapus (m) Orange
tarbut Kultur
tari frisch
tarmil (m) Rucksack
tarnegol (w) Huhn
taß (latuß) fliegen
tazlum (m) Foto
tchum (m) Gebiet
tchuna (w) Eigenschaft
téker (m) Panne
tenai (m) Bedingung
téscher (m) Trinkgeld
te'uda (w) Ausweis
te'una (w) Unfall
teva' (m) Natur
tik (m) (Reise-)Tasche
tiken (letaken) reparieren
tikni normal
tikra (w) (Zimmer-)Decke
tikun (m) Reparatur
tikva (w) Hoffnung
tilfen (letalfen) telefonieren
tinok (m) Baby
tipa (w) Tropfen
tipel (letapel) behandeln
tkufa (w) Periode
tluna (w) Beschwerde, Anzeige
tmuna (w) Bild
tnu'a (w) Bewegung, Verkehr
tóchen (m) Inhalt
toda danke
tolda (w) Ergebnis
tófeß (m) Formular
tor (m) Reihe, Schlange
tov gut
trufa (w) Medikament
tschuva (w) Antwort
turgman (m) Dolmetscher

U / V

uga (w) Kuchen
ulai vielleicht
ulam (m) Saal
univérsita (w) Universität
varod rosa
ve- und
ve'ida (w) Konferenz
véred (m) Rose
viter (levater) verzichten

Z

zachak (lizchok) lachen
zadak (lizdok) Recht haben
zafon (m) Norden
zahov gelb
za'ir jung
zaláchat (w) Teller
zaljan (m) Pilger
zalui gebraten
zam (lazum) fasten
zame' (m), zme'a (w) durstig
zamid (m) Armband
zar eng
zarich nötig; brauchen
zav (m) Befehl
zava (m) Armee
zavar (w) Hals
zel (m) Schatten
zelav (m) Kreuz
zémach (m) Pflanze
zéva' (m) Farbe
zijer (lezajer) malen
zilem (lezalem) fotografieren
zipor (m) Vogel
zipóren (w) Fingernagel
zmig (m) Reifen
zohorajim (m, Mz) Mittag
zómet (m) Kreuzung

Der Autor

Ich bin 1962 in der Schweiz geboren und lebte dort bis zum Alter von 19 Jahren. Nach dem Schulabschluss übersiedelte ich nach Israel. Damals sprach ich noch fast kein Wort Hebräisch. Einen kleinen Grundwortschatz lernte ich in einem Sprachkurs, aber richtig zu sprechen lernte ich eigentlich nur durch den täglichen Gebrauch.

Ursprünglich wollte ich nur ein Jahr bleiben, aber aus einem wurden zwei, und inzwischen bin ich schon zehn Jahre hier und habe ein Wirtschaftsstudium abgeschlossen.

Was mich aber schon immer interessierte, ist das Reisen und Kennenlernen fremder Länder, und deswegen ist es gut möglich, dass ich demnächst wieder einmal mein Gastland wechsle.